知的生きかた文庫

傾聴のコツ

金田諦應

JN202286

三笠書房

はじめに

あなたは、本当に人の話を「聴く」ことができていますか？

夫の話を聴けていますか？
妻の話を聴けていますか？
子どもの話を聴けていますか？
上司の話、部下の話、同僚の話は？
友人の話はどうでしょうか？

昨今、コミュニケーションの方法として、相手から重要な情報を聞き出す質問力としての「聞く力」に注目が集まっています。

これは、いわば、「自分のための」聞く力です。ここでは、自分が何かを得ることばかりが重要視されています。

でも、人間関係というのは、「ギブ&テイク」でなく、「ギブ&ギブ」でこそ深まっていくものだ――。私はそう考えています。

そのときに重要なのは、**相手から情報（インフォメーション）ではなく、心の声**

（メッセージ）を受け取ること。そのためには、**「聞く力」ではなく、「聴く力」が重要**なのです。

「聞く」は、聴覚という機能を表すための漢字表現で、物理的に音が耳に入ってきて、それを音として認識するという意味です。しかし、コミュニケーションで本当に必要なのは、相手の言葉にじっくり耳を傾け、心の声を受け取るために「聴く」こと。つまり**「傾聴する力」**です。

人の話を傾聴できるかどうかで、人間関係は良くもなれば、悪くもなるものです。そういわれて、ドキッとした人もいることでしょう。そんな人は、少なからず「ちゃんと話、聞いてる？」などと指摘された経験があるのではないでしょうか。

私が移動式の「傾聴」喫茶**「カフェ・デ・モンク」**をボランティアで運営しはじめたのは、東日本大震災が起こって少したってからでした。宮城県にある曹洞宗のお寺の住職を務めながら、被災地に赴き、二万人以上の被災者の声に耳を傾けてきました。「カフェ・デ・モンク」の「モンク」とは、英語でいうお坊さんのことで、「あれこれ〝文句〟の一つもいいながら、ちょっと一息つきませんか？　お坊さんも、あなたの〝文句〟を聴きながら一緒に〝悶苦《もんく》〟します」という意味で名づけました。

「カフェ・デ・モンク」を主催しながら、私はあらためて傾聴の大切さ、そして難しさも教えられています。

相手の話を「聴く」というのは、簡単に思えて、じつはそう簡単なことではありません。人はどうしても、自分の話をしたくなるからです。相手の話を途中でさえぎったり、否定したり、誘導したり……。知らず知らずにやってしまうものです。

そうではなく、相手の話を聴くときには、相手に寄り添う姿勢が必要です。ときには長い沈黙が必要なこともあります。相手から言葉が出てくるまで何分でも待つことが大切です。

加えて、

・相手の話の裏にある「物語」を見つける
・「想像」で人の話をコントロールしようとしない
・「耳」だけでなく、「全身」を使って相手の話を聴く

・「暇げで、軽《かろ》みのある佇《たたず》まい」が人の心を開く
・まずは相手の語ることを「全肯定」する
・共感なき「わかるよ」はかえって人を傷つける
・「半径二〇メートル」にいる人たちの話をよく聴く

……など、**私が傾聴活動を通して気づいたこと、わかったこと、大切にしていることを、本書ではお伝えしたい**と思います。

あなたが上手な〝聴き役〟になることができれば、相手との人間関係はより奥深いものになっていくでしょう。そのために本書が役に立つのであれば、著者として、これほどうれしいことはありません。合　掌

金田諦應

目次

2章　傾聴とは、相手の「物語」を受け入れること

3章 傾聴とは、「身近な人」を幸せにすること

4章

傾聴とは、他人との「境界線」をなくすこと

5章 傾聴とは、「自分」をもっとよく知ること

編集協力／岸川貴文
本文ＤＴＰ／株式会社 Sun Fuerza

1章

傾聴とは、相手の話に「共感」すること

●いま「話を聴ける人」が求められている

自己アピール力が求められる時代です。

自分はどんな個性を持っているか。

自分が得意なことはどんなことか。

情報過多の時代で、いまはＳＮＳなどの発信ツールがたくさんありますから、自分をアピールする場を求めて多くの人が右往左往しています。自分の仕事のことや、私生活のことまでさらして、自分がどんな人間かを自己主張することに躍起になっています。

多くの人が、自分のことを話したがっている。伝えたがっている。そして、話すのがうまい人、伝えるのがうまい人が、目立っています。

一方で、「話を聴く人」は、あまり目立ちません。

でも、世の中の人というのはよく見ているもので、話を上手に聴ける人のことをちゃんと評価しています。むしろ、いまの時代だからこそ、話を上手に聴ける人は、人から求められます。

あなたの周りにもいるのではないでしょうか。前に出るタイプではないのに、なぜか人に好かれる、信頼される、という人が。

●「聴く力」がある人は信頼される

仕事においても、「聴き上手」であるがゆえにお客さんや取引先といい関係を築くことができ、よい成績を残せたり、聴き上手であるがゆえに上司から信頼され、昇進できたりしている人がいます。

たとえば、営業マンというのは、立て板に水のごとく商品やサービスをうまくアピールできる人だけがいい成績を残せているわけではありません。

話し下手でもお客さんの話をよく聴き、お客さんが困っていることをよく理解し、それを解決するような商品やサービスを提供できる人はいい成績を残しています。

いまの時代、単なる商品やサービスの説明はインターネットを見ればいくらでも書いてありますからね。

商品やサービスを説明するだけではなく、お客さんの困っていること＝ニーズを聴き出す力のある営業マンが求められているわけです。

上司と部下の関係においても、話の聴ける上司がいる部署やチームは結果を残せているはずです。

人はドライな理論だけで動いているのではありません。ときには感情が仕事の結果を大きく左右することもあります。部下の感情（本音）を聴く力のある上司は信頼され、成果を出せるでしょう。

上司・部下のコミュニケーションが大事だということはよくいわれます。

これは単に報告、連絡、相談を密にしなさいということだけでなく、信頼をベースにした人間関係をつくりなさい、ということなのではないでしょうか。

そして、そのためには、「聴く力」が欠かせないのです。

●なぜ、夫は妻の話を聴けないのか

プライベートの人間関係においても、話を上手に聴く力のある人はうまくいきます。

たとえば、夫婦関係です。

妻の話を聴けない夫が多い――ということがよく取り沙汰されますね。

多くの夫たちは、妻の話が聴けないといいます。

遅くまで仕事をして疲れて帰ってくる。もうヘトヘトで、早く休みたくて、妻の語る子どもの話やご近所さんとの話などが聴けない、頭に入ってこないのだ……というのです。

最初は「妻の話をちゃんと聴いてあげなければ……」と思っていても、話が長引いたりすると、だんだんと「こっちは疲れているのに……」とイライラしたりして、そこからすれ違いが徐々に進んでいったりしてしまいます。

逆にいうと、うまくいっている夫婦は、夫はもちろん、妻も、お互いに相手の話を上手に聴いています。

哲学者のニーチェは、「結婚生活は長い会話である」といいました。

いい夫婦関係を継続させるためには、お互い相手の話によく耳を傾ける態度が必要不可欠なのです。

●子どもの話をちゃんと聴いていますか

子どもに対してはどうでしょうか。

最近、子どもに対して支配的な親を「毒親」と呼んだりしています。子どもの言い分を聞かず、自分の「所有物」のように子どもをコントロールしようとする親のことですね。

親は、「子どもがどうしたいのか」をしっかり聴いて、よく理解し、ある程度は子どもの要望も受け入れながら自主性を育んでいくべきだと私は思います。子どもの話をちゃんと聴かないで親の思うとおりに動かし、中学生や高校生になっていきなり自主性を求めたところで、それは無理というものです。

最後に友人関係はどうでしょうか。

これもやはり話を聴ける人ほど、友人といい関係を築けているのではないでしょうか。

考えてみてください。あなたが大事にしたい友人は、あなたのことに興味を持って、あなたのいうことに耳を傾けてくれる人ではないでしょうか。

自分の仕事のことやプライベートのことを、利害関係などなく聴いてくれる友人。そんな友人はやはり大事にしようと思うものです。

裏を返すと、あなたが大事な友を得ようと思うならば、相手の話をしっかり聴かなければならない、ということです。自分の話ばかり聴いてもらって、相手の話には耳を傾けないという態度では、その人と深い人間関係を築くことなどできません。あるときは聴いてもらい、あるときは聴いてあげてこそ、本当の友情が芽生えるはずです。そうして豊かな友人関係に囲まれた人の人生は、きっと幸せなものになるに違いありません。

●人は話を聴いてもらうだけで元気になれる

あなたが、何か悩み事を抱えていたとします。それを人に聴いてもらうだけで、その悩み事が解決したことはないでしょうか。

少なくとも、人に話したことで胸のつかえが取れた、何かすっきりした、という経験があるのではないでしょうか。

それがなぜなのかを考えてみると、やはり人間には「自己再生能力」があるからだと私は思います。この自己再生能力のことを、学術用語では「レジリエンス」といいます。

自分に何か悩み事があって、それを誰かに話すとします。悩み事の内容を相手にわかってもらうためには、ある程度、話を論理立てて、順序よく伝えなければなりませんよね。

そのためには、頭の中で、その悩みの原因や、これまでの経過などを整理する必要があります。

すると、「ああ、こういうことなんだな」と、自分の悩み事を客観的に見つめることができ、解決策が見えてきたりするのです。

もちろん、それは完璧な解決策ではなかったりしますが、少なくとも次のステップに進むための一歩になったりします。

それと、自分の悩み事を話し、相手がそれをしっかり聴いてくれると、「安心感」のようなものを得ることができます。「自分の抱えている問題を、この人が少し一緒に抱えてくれたんだ」というような安心感です。

それが、悩み事を抱えていて凝り固まってしまった心を動かすきっかけにもなるのです。

●「ナラティブ・アプローチ」とは何か

人の話を聴くことが、職業上とても重要な人がいます。

たとえば、医者がそうですね。

医療の世界では、これまで、エビデンス・ベースド・メディスンといって、医者の個人的な感覚や経験をベースにした治療法を排除し、科学的に実証された最新の知識に基づく医療を実践することが大切だと盛んにいわれてきました。

ところが最近、その一方で「ナラティブ・アプローチ」も重視されるようになってきています。

ナラティブとは「物語」という意味です。患者の話に強い興味、深い関心を持って聴く。会話そのものも治療と考え、患者と接する。それが「ナラティブ・アプローチ」です。

そのときには、患者の考え（患者のストーリー）を尊重し、医者の医療的解釈（医者のストーリー）を押しつけないことが求められます。

ナラティブ・アプローチがよく理解できる例を挙げます。

あるおばあさんが、体調が悪くなって病院に行ったとします。

「先生、私、風邪、引いたようだ。寒いとこに、ずっといたから」とおばあさんがいいました。よくある話ですよね。

それに対して医者が、「いや、おばあさん、違いますよ。風邪はウイルスによる感染症であり、寒いところにいたからといって必ずしも風邪を引くわけではありませんから」などといったら、どうでしょうか。おばあさんは不安になるでしょう。

●相手の「物語」によく耳を傾ける

医者からすれば、たしかにそうなのですが、おばあさんの持っている「病気に対する考え方」というものがあります。

おばあさんには、「寒いところに長時間いたのが悪かったんだ。だから風邪を引いたんだ」というストーリーがあるわけです。

だから、「おばあさん、寒いところに長いことといたらいけないよ。いい薬があるから。これを飲んで、温かいものを食べて、ぐっすり寝たら、それで治るからね」といってあげたほうが、おばあさんは安心するでしょう。

そして、「わかった。これからは気をつけるよ、先生」といって、おばあさんの病気に対するストーリーが完結するのです。

実際、このほうが風邪の治りも早いのではないでしょうか。「ナラティブ・アプローチ」とはこういった手法のことを指します。

●相手の考えや不安に「共感」する

「パソコン診療」という言葉があります。

患者の顔もまともに見ず、パソコンの検査データだけ見て診察をすることで、ある患者が、「先生、患者はパソコンでないよ、私だよ」といったという笑い話もあります。

また、「五分診療」という言葉があります。

五分かけるならまだいいほうで、最近は「秒察」という言葉もあるようです。病名だけ伝えて、常用薬の処方箋を出す「薬だけ診療」――。これならたしかに一分もかけないで診察を終われます。

でも、それが本当に患者が求めているものなのかというと、違うでしょう。

「ナラティブ・アプローチ」が見直されているのは、「パソコン診療」や「五分診療」の反省からきているのかもしれません。

医者は、患者の持っている「病気に対するストーリー」によく耳を傾けて、患者の考えや不安に共感してあげることが必要です。

この「ナラティブ・アプローチ」が、いま、医者だけでなく、さまざまな職業の人に求められています。

たとえば、弁護士、会計士、税理士、教師、介護士、役所の職員……など。こういった人たちは問題解決のプロであり、依頼者の話すストーリーを聴くことが本当の解決への道となるのではないでしょうか。

●傾聴は、あらゆる人間関係をよりよくする

弁護士、会計士、税理士、教師、介護士、役所の職員……といった人たちは、仕事の内容と「話を聴く」ということが直結している職業なのですが、それ以外の職業の人についても同じです。

たとえば、営業にかかわる人は、お客さんの話を、お客さんの立場になってよく聴き、お客さんのニーズに応えることが業績を向上させる秘訣です。

お客さんの話をぞんざいに聴いて、頭の中は自分が売りたい商品やサービスのことでいっぱい……というのでは、遅かれ早かれお客さんからそっぽを向かれることは容易に想像がつきますね。

会社の人間関係においても、傾聴によってより人間関係が深まれば、仕事が円滑に進み、ひいては成果も上がるというものです。

特にいまの時代は、企業の悩みというのは、突き詰めれば「人」に集約されるようです。退職する理由も、仕事内容より人間関係によるもののほうが多いというのです

から、いかに多くの人が人間関係に悩んでいるかということです。

人間関係で悩む要因は、「なんとなくウマが合わない」ということもあるでしょうが、多くは「自分は正しく、相手が間違っている」「相手の上から目線が気に入らない」「人格を否定されたように感じる」というように、自分の尊厳にかかわるようなことであったり、「相手が自分の思っているように動いてくれない」といった思い上がりからきていたりするものだと思います。

これらの点についても、これからお話しする「傾聴の心得」を身につけていれば、余計なストレスをため込むことなく、人間関係を深めていけるはずです。

●私の「傾聴活動」はこうはじまった

とはいえ、私は、そうした「傾聴の心得」といったものをはじめからしっかりと持って傾聴活動をスタートしたわけではありません。

最初は混沌の中で手探りの状態ではじめて、いまやっと「こういうことが大切ではないか」と整理ができるようになってきました。

「はじめに」でも述べたように、私たちが移動式の「傾聴喫茶」——カフェ・デ・モンクをボランティアで運営しはじめたのは、東日本大震災が起こって少したってからでした。

私の住んでいる宮城県栗原市は、震災による津波の被害がもっとも大きかった石巻、南三陸町、気仙沼、陸前高田といった沿岸部地域から五〇～六〇キロメートルほど内陸に入ったところにあります。沿岸部地域に比べると、壊滅的な被害ではありませんでした。

ただ震災直後は、電気も来ない、ガソリンもない状況で、何もすることができませんでした。「考える」ことしかできませんでした。これから何をすればいいのか、何かできることはないかと考えていたのです。

そうしているうちに、沿岸部の被害の大きい地域から、ご遺体が栗原の斎場に運ばれてくるという情報が入りました。沿岸部地域の火葬場は壊滅していたからです。「たくさんのご遺体が来る。しかし、沿岸部の宗教者はたぶん手が回らないだろう。せめてご遺体を茶毘《だび》に付すときだけでも立ち会い、供養しなければならない」という思いで、遺族が希望するご遺体にお経をあげさせてもらうことになりました。

最初のご遺体は、小学五年生の女の子二人でした。仲よしの同級生だったとのことでした。

私は、声が震えてお経が読めなくなってしまいました。火葬場での読経ボランティアはその後二カ月ほど続き、全部で三〇〇ほどのご遺体を供養しました。

震災から一カ月半ほどすると、交通事情も少しずつ改善し、また、沿岸被災地の様子もわかるようになりました。

●自分の〝フレーム〟を壊されて気づいたこと

そこで四十九日にあたる日に、同じ宗派の僧侶九人に呼びかけ、追悼行脚をすることにしました。

また、宗教の枠組みを超えて、キリスト教の牧師一人にも「私たちと一緒に歩かないか」といって声をかけました。計一〇人の宗教者です。

私たち宗教者は、被災地を歩き、目の前に広がるがれきの山から立ちのぼってくるヘドロと遺体の臭いを嗅ぎながら、お経をあげました。声が震えてお経が読めなくなりました。

やがて、それは叫び声に変わりました。牧師は目の前のあまりの惨状に、いったい讃美歌の何番を歌ったらいいのかわからなくなりました。

海岸を目指して歩きはじめて二時間後、南三陸町戸倉の海岸に立ったとき、私は、宗教者としてのフレーム（枠組み）が壊れてしまったと感じました。いままで学んできた教義や、宗教的な美しい言語はどこかに行ってしまいました。

私たちは神仏の姿を見失っていたのです。完全に〝武装解除〟の状態です。季節は春になっていました。何ごともなかったかのように山桜が美しく咲いていました。地震・津波を起こす力も、山桜を咲かせる力も、同じ自然の力なのか、という問いが私たちの中に湧き起こりました。

そして私は、今後一切、法衣を着て被災地に入らないと決めました。

この被災地の現実に向き合うためには宗教や宗派の違いは意味がない。被災者の方たちの苦悩にはそれまでの肩書とか立場なんかは用をなさない――。自分自身のあらゆるフレームを取り払い、ありのままの現実に向き合おうと心に決めました。

●「暇げで、軽みのある佇まい」が人の心を開く

その後はじまった、私たちの傾聴活動――。

しかし、最初からみんなが「カフェ・デ・モンク」に来て、なんでも話してくれるなんてことはありませんでした。

まず「いついつに、どこそこに赴きます」ということを告知する方法すらわかりませんでした。だから、とりあえず現地に行って、「ただ待っていよう」と考えたのです。

被災者の方々は、悲しみや苦しみで心が固まってしまっています。「これからあなたの話を聴きますよ。心のケアをします。さあ、どうぞ話してください」といわれても何も話すことなどできません。

だから自分は、「暇げで、軽《かろ》みのある佇《たたず》まい」でいようと決めました。忙しげに立ち回っている人に、誰も自分のつらい心の内を話そうとは思いませんから。

ですから、「津波？　そんなのどっから来たんだ？　あっちか？　こっちか？」と

いうくらいの姿勢でいようと心がけたのです。そこにいることが特別ではなく、何か昔からずっとそこにいたような、空気のような存在でいようとしました。

当然、「あなたを救いますよ」とか、「あなたを仏の世界に導きますよ」というような姿勢も取りませんでした。布教活動は一切しませんし、仏の言葉、経典の文言なども一切語りませんでした。なぜなら、それは教義というフレームに相手を取り込んでしまうことだからです。

●「ユーモア」がなぜ必要なのか

そして、「カフェ・デ・モンク」にはユーモアをいっぱいちりばめました。苦しいとき、悲しいときにこそ、ユーモアが必要だからです。

店頭には、こんなメッセージボードを掲げました。

『三陸海岸　Café de Monk。

Monk は英語でお坊さんのこと。

平穏な日常に戻るには長い時間がかかると思います。

あれこれ「文句」の一つもいいながらちょっと一息つきませんか?

お坊さんもあなたの「文句」を聴きながら一緒に「悶苦《もんく》」します』

そして音楽を流します。セロニアス・モンクという、私が好きなジャズピアニストの曲です。それまでのジャズは同じテンポでリズムを刻むものでしたが、セロニアス・モンクはそこにアレンジを加えて、「遊び」を入れて、いままでのジャズの路線を変革した一人です。

セロニアス・モンクが奏でるルーズなテンポ、突然の不協和音。モンクのジャズは、複雑で、行きつ戻りつ歩む被災地の方々の心情にぴったりだと思います。スピーカーは「Ｂｏｓｅ」(ボーズ)です。「Monk、文句、悶苦」そして「セロニアス・モンク」と韻を踏む言葉遊びを仕掛けながら、相手も自分もほぐされていく——。傾聴の場は「ほっとする場所」「ほぐされる場所」でなければならない——。

そうしていると、やがて、被災地の方々が、「お坊さん、ちょっと聴いてもらいたいんだがね……」といってポツリ、ポツリと話をしにきてくれるようになったのです。

●人の心がふと軽くなる瞬間

苦しんでいるとき、悲しんでいるときこそユーモアが必要だ、といいましたが、それは「人生って、こういうものだよな」というような達観の上にあるユーモアでなければなりません。

そうでないユーモアは、単なる軽薄なユーモアであり、それは苦しんでいる人、悲しんでいる人をさらに傷つけます。

「カフェ・デ・モンク」で被災地の方々の話を聴いていて、場の空気が煮詰まってくるのを感じたときには、あえてジョークをはさんで場を和ませる、といったことを意図的に行ないました。

かの有名なビクトール・フランクルの言葉に「ユーモアは人間に与えられた神的といっていいほどの能力である」というものがあります。

また、ドイツには「にもかかわらず笑う」ということわざがあります。上智大学名誉教授で、神父でもあり哲学者でもあるアルフォンス・デーケン先生は、「私はいま苦しんでいる。だが、それにもかかわらず、相手に対する思いやりとして笑顔を示す」といっています。

苦しみ悲しんでいる自分がいる。でも、それをちょっと高いところから見て、「何をやっているんだね、おまえさんは」といって自分で自分を笑い飛ばすような、そんな感覚です。

そのとき、人はふと心が軽くなるような感じになるのです。

●「ジョーク」をいうときの絶対ルール

でも、被災地の方々が自分で自分を笑う、そんな感覚をつかむのはなかなか難しいですから、こちらからジョークをいって、そういう感覚をちょっとでもつかめるような雰囲気を醸《かも》し出すように努めました。

ジョークをいうときには、その人に対して、仏教でいえば慈しみ、キリスト教でいえば愛を持っていなければいけません。

ジョークというのは、相手の悲しみや苦しみに共感し、慈しみの心、愛の心が相手と通じ合ったそのとき、その場だけに成立する「冗談」であり、「しゃれ」です。だから、あっちの避難所で使えたジョークが、こっちの仮設住宅でも使えるかというと、そうではありません。

そのため私は、傾聴活動におけるユーモアというのは、ある意味、瞬間的に成立する「愛の即興アート」だと思っているのです。

「カフェ・デ・モンク」でユーモアを使えるようになるには、少し時間がかかりました。

特に震災を直接ネタにしたようなジョークがいえるようになったのは、「カフェ・デ・モンク」をはじめて三年ほどたってからです。

震災によって深い悲しみを抱え、傷ついた人たち。もしかしたら、そっとしておいてほしいと思っているかもしれない。

でも、「それでも、あなたたちにかかわらないではいられないよ」という慈しみの心を持って接し続けたことで、震災のことでさえジョークのネタの一つとしていえるような信頼関係を被災地の方々とつくれたのです。

●たとえ小さな出来事のように見えても――

傾聴をするときに大切なことは、「共感する」ことです。

相手が抱えている悩みや苦しみをなくそうなど、そんな大それたことは考えないほうがいいのです。固まってしまった相手の心が少しでもほぐれればいい、というくらいに考えることが大切です。

ただ、「共感する」といっても、聴く側は、話す側とまったく同じ境地には至りません。

それなのに、まるで同化できたかのように偽って、「わかるよ、わかるよ」といってもうまくいきません。

共感なき「わかるよ」という言葉の次に来るのは、だいたい「私だってさ」です。

「私だってさ、こういうことがあったんだよ」といい、そして「あなたの悩み、苦しみって、こういうことだよね？」と、見当違いの答えを持ち出してしまうことが多いのです。

そうすると、「全然わかってないよ！」と、相手はカチンと来るか、あるいは悲しく思うでしょう。

このことは、「カフェ・デ・モンク」でもとても気を使いました。

第三者から見たら、同じような出来事かもしれません。

でも、当人には当人なりの受け止め方があります。その苦しみや悲しみの大きさは同じではありません。

たとえどんなに小さな出来事のように見えても、その人にとってはとてつもなく大きく見えることもあるのです。

●「わかるよ」ではなく「伝わったよ」

では、どう返せばいいのか。

私はこう返すことにしました。

「あなたのつらい気持ち、いまの話で『よく伝わったよ』」と。

「わかるよ」というと、「いや、この気持ちは誰にもわからないよ」と思うでしょう。

だから、「伝わったよ」といっておくのです。

加えて私は、「なんかあんたの話を聴いてたらさ、私もあんたと一緒に考えたくなってきたよ」ということもありました。「だからもうちょっと話、聴かせてくれる?」と。

そんなふうにして、少しずつ距離を縮めていき、相手に話したいだけ話をさせるのです。

そして、本当に相手が話し尽くしたなと感じたとき、最後の最後に、「じつはさ、私も同じような経験をしたんだけれども、聴いてくれるかな?」とか、「いまの話を聴いて、感じたことがあったんだけど、いってもいいかな?」というふうに伝えることにしました。

十分話を聴いた上でなら、相手は、自分が話を聴いてもらったので自分も相手の話を聴こうという態勢ができています。

そうなってからでないと、いくらこちらの体験談や感じ方を話しても相手の耳には入っていきません。

「……こんなことがあったんだけどもさ、こういうふうな考え方をして、乗り越えたことがあるんだ。参考になればいいけど」と、相手が十分に話し尽くしたあとなら、最後に伝えてもいいでしょう。

●「共感」のベースにあるもの

「共感する」とは、仏教の言葉でいえば、「慈悲」です。

震災で多くの人が亡くなるという出来事は、自然の現象で起こったことなのですから、もうどうしようもないことでもあるわけです。

避けようもない悲しいことが、ときには起こるもの。人生は、必ずしもハッピーエンド、自分の思いどおりにいくことばかりではないから、そのときにやはり悲しみはどうしてもあります。これが「慈悲」の「悲」です。

しかし、それでもかかわっていかざるを得ないという切なる気持ち。それが「慈」なのです。

悲しみ、苦しみに共感し、その場に踏み止まる姿勢が「慈悲」です。いきなり結論をいうようですが、傾聴においてもっとも大切なのがこの慈悲の心です。

慈悲の心が湧き出すと、傾聴で大事なことの相当の部分がすでに備わっていることになりますし、慈悲の心以外のすべてが備わっていても、核心部分が抜け落ちていれば、傾聴はうまくいかないでしょう。

●「袖振り合うも多生の縁」という人間関係の極意

話はちょっと変わりますが、江戸時代の町人は、「聴いちまったもんはしょうがねえ。ひと肌脱ぐか！」といって、お互いに助け合っていました。

それを彼らは「袖振り合うも多生の縁」といいました。

「多生」とは、多くの生命のつながりという意味です。宇宙に生命が生まれてからいままで、そのつながりは一度も途切れなかったから、私がいてあなたがいるのです。私やあなたの命の背後には、無数の命の受け渡しがありました。これが多生の意味です。

だから、いま目の前に向き合っている人との出会いは、今日、昨日の話ではない。町ですれ違った、袖が触れ合っただけの人も、深い因縁があるのだということです。

これは、人との出会いはどんな些細なかかわりでも大切にしなければならないという、仏教の教えがベースにあることは間違いありません。

「聴いちまったもんはしょうがねえ。ひと肌脱ぐか！」は、一見、軽いノリのようですが、その奥底には深いものがあります。

困っている人がいる。

苦しんでいる人がいる。

悲しんでいる人がいる。

そんな人にかかわらずにはいられない。そんな人を放ってはおけない。

これは傾聴に必要な態度なのです。

●こんな不用意な一言が相手を傷つける

会社の人間関係の中でも、たとえば部下から悩み事を聴いたりしたとき、上司は「わかるよ」といってしまいがちです。

業務の中での失敗や悩みなら、同じ職場で先輩として働いてきた上司が、「わかるよ」というのはまだいいのですが、もっと深い、人生にかかわるような悩みや不安を部下が吐露《とろ》したときには、「わかるよ、オレもそういうことあったんだ」は絶対に禁句です。

そんなときは、もっと腰を据えて向き合わなければなりません。

自分の価値観に照らし合わせた上での「わかるよ」は、無理やり自分のフレームにおさめてしまっているのです。

しかし、どんなに似たような状況であっても、まったく同じということはありえません。人が違えば感じ方も受け取り方も千差万別です。

ですから、人の話が「すべてわかる」ということは基本的にはないのだと思っていたほうが間違いないでしょう。

わかるのは、せいぜい全体の話の中の数パーセントだけと思っておくことです。

逆の立場で考えてみてください。何か深刻な相談をした相手から「ああ、それ、わかる、わかる」などと軽々しくいわれたら、「なんか、違うんだよな」「いや、わかってないよ」と思いませんか。そういうことなのです。

●傾聴の場で一番やってはいけないこと

また、安易な「わかるよ」は、話を早く終わらせたいときについつい出てしまう一言だといえます。

傾聴の場で一番いけないのは「逃げる」ことです。

「かかわりたくない」と逃げることです。

これは、先ほど述べた「慈悲」とは対極にある態度です。

マザー・テレサは「愛の反対にあるのは無関心」といっていますが、まさにそのとおりだと思います。

部下を慰めるつもり、はげますつもりで「わかるよ」といったのに、部下がなんか納得していない……というときは、上司のそういう「逃げ」の姿勢が伝わってしまっているからでしょう。

当然、上下関係がありますから、部下は「何がわかるんですか！」なんて反発はできません。「この上司は頼りにならないな」と思い、二度と相談することはないでしよう。当然、信頼関係など生まれません。

そうならないためには、「人の話はわからなくて当然」という前提で相手に寄り添い、安易な「わかるよ」という一言はいわないように注意して、上手に距離を縮めていくことです。

●夫婦の会話――夫は理解を、妻は共感を求める

ただし、夫婦間に関しては、「わかるよ」という言葉を日常の中でいい合うことは大切です。

長い間連れ添った夫婦は、大概言葉数が少なくなっていくようです。それは、言葉を超えたある種の「信頼」に基づき、少ない言葉でコミュニケーションが取れる関係が、知らず知らずのうちに築かれたからだと思います。裏を返せば、であるからこそ慎重に言葉を選びたいものです。

女性はこの「わかるよ」という言葉を使うのが得意です。ある心理学者が、男性同士のコミュニケーションでよく出てくるのは「なるほど」で、女性同士では「わかる

〜」なのだといっていました。

つまり、男性は相手に「理解」を求めるコミュニケーションをしようとするのに対して、女性は相手に「共感」を求めるコミュニケーションをしようとするからだそうです。

「共感」は大事です。ただし、いつでもどこでも「わかる〜」とやっていいわけではありません。友人同士で単なる好き嫌いの話をしているときならいいのですが、夫の真剣な話を聴いているときなどは、やはりNGです。

夫は逆に普段の「わかるよ」が不足している、あるいは苦手なのかもしれません。

妻が普段、夫に対して何気ない話をするときは、ただ聞いてほしいのと、共感してもらいたい場合がほとんどです。「問題解決のためのアドバイスがほしい」場合はあまりないのです。

だから、「わかるよ」といってあげることです。

普段の会話ではなるべく「わかるよ」と共感するようにして、苦しい胸の内を吐露している場合には「わかるよ」は軽はずみに出さないことです。

そうして寄り添っていけば、関係をさらによいものにできるはずです。

●「もうちょっと話を聴かせて」という態度を示す

人の悩み事や心配事を聴いたとき、「そんなこと考えてばかりいないでさ」とか、「まあ人生、いろいろあるからさ」などという人もいますが、これは相手をはげましているようで、全然はげましになっていません。むしろ傷つけてしまうでしょう。

「もうそんな話は聴きたくない」というサインだと相手に受け取られてもしかたありません。

繰り返しますが、傾聴する人間は、相手の話から逃げ出してはいけないのです。

「伝わったよ」

「もうちょっと話を聴かせて」

こういうふうにいって、相手に寄り添う態度が必要です。

「傾聴」は自分のためにするものではありません。相手のためにするのが傾聴なのですから、まずは「相手が話したいことを話したいだけ話させてあげる」ことです。

ときには、人の話を聴くのがしんどいときもあるでしょう。口をはさみたい瞬間もあるでしょう。でも、それをぐっとこらえて、相手が自分の話を話し尽くすまで待てるかどうかにかかっているのです。

●「耳」だけでなく「全身」で聴く

「はじめに」でもいいましたが、「聴く」というのは、「聞く」とは明らかに違うものだと私は思っています。

「聞く」は文字どおり、耳で聞くこと。外から入ってくる振動を音として認識し、脳の中でそれは言葉に変換されます。その言葉のつながりで、音は意味を持ってきます。それは意図しなくても耳に入ってくるもので、それを意味として認識するのが「聞く」です。

一方で、「聴く」は意図して感じるもの。認識するものです。

傾聴の「聴」という文字は、耳へんに十四の心と書きます。多くの心を尽くして受け取るのが「聴く」という行為なのです。お経の中でも特に有名な「般若心経」の中には観自在菩薩＝観世音菩薩が登場してきます。その観世音菩薩の「観」に近いともいえます。

耳に入ってくる音の「情報」だけではなく、相手の雰囲気や表情、しゃべり方のクセや抑揚、そういった「メッセージ」をよく観察し、受け取ろうとする態度が傾聴には必要です。

耳だけで聞いていては、「聴いている」とはいいません。

全感覚を研ぎ澄まし、体全体で感じながら、観ながら、相手のメッセージを受け取ることに没頭していく――。「聴いている」とは、そんなイメージです。

そうしなければ、相手の心の本当のところはつかめません。

●相手の「言葉の裏側」が見えるかどうか

すべての感覚を総動員しながら相手の話を聴けば、相手が発する言葉だけでなく、その裏側にあるものを感じ取ることができます。

言葉というのはややこしいもので、たとえば、「つらい」といってもいろいろな「つらい」があります。

話す人はいろいろな感情や思いがあるのだけれど、それを抽象化して「つらい」という言葉を選んでいます。一〇人いれば一〇通りの「つらい」があります。それはすべてその人個別のもので、一つとして同じものはありません。「つらい」には、そこに至る「つらさの物語」があるのです。

すべての感覚を総動員しながらその人のことを「観」て、「聴」いていると、「つらいといっているけど、こういうことかな」「つらくないといってるけど、本当かな」ということが見えてくるようになります。

相手が発する言葉の裏側にあるものを読み取るためには、根本にその人への慈しみの心や愛情を持たなければなりません。

そして、相手が話すことを他人事ではなく自分事として共感していくことで、言葉の裏にあるものを引き出していくことができるようになります。

相手に対する慈しみの心や愛情は、「人間は一人では生きていけない」「太古よりお互いに助け合ってきたからこそいまこの命がある」という生命や社会に対する根本的な理解がなければ湧いてきません。

人間は一人では生きていけない。だから、人の話を聴くのです。人に寄り添うのです。このことに対する深い理解がないと「聴く力」は身につかないでしょう。

●傾聴では「人の器」が試される

何かに深く悩んでいる人は、その悩み事を相手が受け止められそうにないと感じたら、話をしなくなってしまうものです。逆に、受け止めてくれそうだと感じたら、自ら進んで話すものだと思います。

傾聴の現場ですごい体験をしました。

あるアメリカ人のシスターが被災地を訪問したときのことです。震災から一年もたっていない時期でした。

子どもを津波にさらわれたお母さんが私と話していたときです。そこにシスターが入ってきて、そのお母さんがシスターと目を合わせた瞬間、シスターに抱きつき泣き出したのです。そこに「悲しみを引き寄せる力」を感じました。

人の話を聴くとき、それを受け止める側の人間の心の広さは、天性のものもあるでしょう。

だからといって、後天的に広げられないかというと、そんなことはありません。たくさんの経験を積み重ね、多くのことを学習することで、器を広げていくことはできるはずです。

私は、人の話を傾聴することは、「アートに触れる」ことと同じだと思っています。芸術作品というのは、人間の永遠のテーマを扱っています。

たとえば、喜怒哀楽、嫉妬といった、人間の感情を扱った文学や絵画、音楽といった芸術作品に多く触れることで、心の器を広げ、傾聴する力を高めることができるはずです。自然に対する敬意だとか畏怖の念も、人の感性を深め、心の器を広げていくものだと思います。それらを通し、自分のフレームを際限なく、そして柔軟に広げられると思います。

●「人間観察力」を磨くちょっとした練習

また、日常における「観察力」を磨くことによって、心の器を広げ、傾聴する力を高めていくこともできます。

たとえば、私は喫茶店などに入ったとき、「人間観察」をするのがけっこう好きです。ただし、さり気なく、です。ほかのお客さん同士が話している様子を見ているだけでもいろいろな気づきを得ることができます。声は聞こえなくても、その身振り手振りを見て、雰囲気を感じ、いったいこの人たちは何を話しているのだろう？　と想像してみるのです。

「これは商談かな」

とか、

「一方が怒っているのかな」

とか、

「別れ話かな、それとも愛を囁いているのかな」

……などと考えてみる。そうしたことの積み重ねも、「傾聴する力」につながっていくはずです。

私たちお坊さんも「聴く力」が必要です。昨今のお坊さんはどちらかというと話す力はある人が多いのですが、「聴く力」は意外と持っていない人が多いようにも思います。

昔から「駆け込み寺」といわれているように、お坊さんというのは、世間の人たちにとって、何か悩み事や問題を抱えたときには真っ先に頼り、話を聴いてもらう存在でした。

しかし、最近は「聴く力」よりも「話す力」のある格好いいお坊さんが多いようです。お寺の在り方が変わってきたこともありますが、やはり、お坊さんが「聴ける人」になるための努力がちょっと足りないこともあるように思います。

●「聞思修」という教え

仏教には、「聞思修《もんししゆ》」という言葉があります。

これは、仏教の学びの順番を示している言葉です。

まず「聞（聴）」く。そして自分の中でよく考えて（思）、そして考えたことを実行（修）に移しなさいという意味です。仏教の修行でも最初に「聞（聴）」くがあるのです。

キリスト教でも「聴く」ことはとても大切です。

私たちは、被災地で開店した傾聴喫茶「カフェ・デ・モンク」のほか、被災された方々に向けたラジオ放送を仙台から発信しておりました。ラジオ版「カフェ・デ・モンク」です。

毎回、著名な方々や現地で活動している方をゲストに迎え、前向きに生きるヒントをお聞かせいただきました。

その一人で、岩手県大船渡市で医師をされている山浦玄嗣《はるつぐ》先生に出演していただきました。先生は医師であると同時に、聖書をこの地方の言葉である「ケセン語」に翻訳された方です。

その中で、キリスト教においては「祈り」はとても大切であるということ、しかし、キリスト教でいう「祈り」とは、「こうなったらいいな」とお願いするだけでなく、「神様の声を聴く」という意味があることを教えてくださいました。

神様の声を私心なく受け入れる——それが祈りだということです。神様が自分に対して何をいっているのだろうということを、自分を無にして聴き、自分の腹に落とし込んでいくのが祈りの本質だというのです。

●目の前にいる相手を心から大事にする

キリスト教に「ロゴス」という言葉があります。ロゴスとは「神様の言葉」を意味しますが、同時に、「出来事」（ダーバール：ヘブライ語）という意味もふくんでいるそうです。

したがって、神様の言葉とは、イコール「出来事」です。「出来事」というのは目の前に起こっている現実のことです。目の前の出来事のすべてが神の言葉であり、その言葉を聴くとは、つまり目の前の出来事を私心なく受け入れなさい、大事にしなさいということです。

「傾聴」ということに引きつけていうと、「出来事」とは、いま、目の前に苦しんでいる人がいて、その人の話を聴くために自分がこの場にいる、ということでしょう。

「いま、私があなたとここでこうやって向き合っていることは、とても意義深い出来事なんだ」

「そして、その人たちが語る言葉は、神様の言葉なんだ」

という姿勢でいることが大切です。真剣に、いま、この時間と向き合わなければならないということです。

●あらゆる人たちの話を聴く

仏教では、お釈迦様だけが先生なのではない、あなたの先生でない人は一人もいない、と教えます。

「東海道五十三次」はご存じだと思います。江戸日本橋から京都三条大橋までの宿場の数です。じつはこの五十三という数字は、華厳経というお経が、その由来になっています。

お経の中で、善財童子《ぜんざいどうじ》は、お釈迦様の教えを求める旅をするのですが、五十三人の方々に出会い、やがて悟りを開きます。しかし、最後に出会った方が一番いい先生であるということではありません。出会ったすべての方が、すばらしい先生なのです。

だから、親、夫（妻）、上司、部下、先輩、後輩……といった周りの人の話も聴かないといけないし、八百屋さんや酒屋さんの話も聴かないといけないよ、ということなのです。

謙虚な姿勢でいろいろな人の、さまざまな話を聴いていくこと。人間はどうしても自分の好きな人の話や、耳に心地いい話しか聞きたくないと思うものです。

でも、誰もが先生だと思えば、謙虚に話を聴けるはずです。

年齢を重ねるごとに、あるいは社会的な立場が上になるほど、「自分の好きな人の話や、耳に心地いい話しか聞きたくない」という傾向は強まるものです。

そうなると、「自分の好きな話、耳に心地いい話」……つまり、自分のフレームに容易におさまる事柄にしか反応しなくなり、それ以外のことには関心を持てなくなっていきます。

●できる経営者の聴く力

会社や組織でも立場が上になっていくと、面倒なことはやらなくてすむようになります。すると、面倒に思える、人の話を丹念に聴くということをやろうと思えなくなってくるのです。

周りから学ばず、イエスマンばかりを配下に集めているトップが君臨する企業は、問題を起こしたり、成長が停滞してしまったりしているのではないでしょうか。こうした経営者は会社の規模の大小を問わず、どこにでもいます。

賢い経営者は、周りがイエスマンばかりにならないようにしていますし、ある程度はそれもしかたないととらえ、外部に助言者を持っている人も多くいます。そのようにして、謙虚に話を聴ける環境を整えているのでしょう。

このことがわかっていないと、会社や組織のトップは「裸の王様」になっていきます。そうならないためには、あらゆることに関心を持ち、あらゆる人から学ぶ謙虚な姿勢を持ち続けるしかありません。

●人の話を糧にする人、無駄にする人

私が移動式の「傾聴喫茶」――「カフェ・デ・モンク」で訪れた被災地には本当にさまざまな人がいました。

たとえば、町の未来を考えている立派な若者がいましたし、荒くれ者もいれば、百

戦錬磨の「肝っ玉かあちゃん」もいました。

でも、こういう人たちこそみんな先生なのだと、私は心底思いました。

彼ら、彼女らから話を聴いていると、世の中の表のことや、裏のことが、その人たちでしか感じ取れないようなことが言葉になって出てきます。

好き嫌いや理屈なども超越して、生身の人間からあふれ出てくる心の言葉。そこにこそ世の中の真理があると思うのです。

あらゆる人から、あらゆることを学んでいくこと。話を聴く相手は、誰であっても自分にとっての先生であり、自分が話すときは、自分が相手にとっての先生であり、でも、上でもなければ下でもないという謙虚な姿勢でお互いが交わることです。

相手がその時々に悩んでいること、苦しんでいることを打ち明ける。

そして、少しずつ答えを見つけて歩み出す。

その歩みながら発する言葉には珠玉の輝きがあると、「カフェ・デ・モンク」を七年半続けたいま、そう思うのです。

誰かの話を三〇分聴いて、その三〇分が無駄になったと思う人と、人生の勉強をしたと思う人では、人間としての深みに雲泥の差が出てくると思います。

だから慈悲の心を持って、虚心坦懐に相手の話に向き合うこと。
「傾聴」はすべてそこからはじまります。

2章

傾聴とは、相手の「物語」を受け入れること

●相手を映し出す「鏡」になる

「傾聴」では、聴く側の人は自分をできるだけ透明にして、なおかつ、話している相手をそのまま映す鏡になる感覚が大事です。

移動式の傾聴喫茶――「カフェ・デ・モンク」で被災地を訪れたときも、特に初期のころはそのことを強く意識しました。私の目の前にいる、苦しみ、悲しみを背負った人が、私を通して自分の姿を客観的に見られるようになってくれればいいと思っていました。

相手は話をしながら、自分が映っている鏡を見つめます。

その鏡からはね返ってくる断片的な言葉を、自分自身で拾って話をつなぎ合わせていきます。

言葉を見つけられない人に対しては、その人が思っているであろう言葉を投げかけていきます。「それは、こういうことですか？」という具合です。

人は苦しんでいるとき、悲しんでいるとき、それを癒すのにどこから手をつけたらいいかわからなくなるときがあります。優先順位をつけられなかったり、思考が堂々巡りをしたりしていて、殻の中に閉じこもってしまい、自分を客観視することができなくなってしまっている状態です。

そういうときは、こちら側が言葉を整理してあげて、それを押しつけるのではなく、さりげなく提示します。

「それは、○○だから、苦しいんですね」

「それは、○○ということが、悲しいんですね」

といったように代弁してあげるのです。

すると、相手は、「自分は苦しんでいるんだ」「自分は悲しいんだ」と気づくことができます。心が凍りつき、固まってしまった人は、そんなことにさえ気づかないことがあるのです。

●相手の心をどうほぐすか

苦しくても悲しくても、「どこかへ向かおう」ともがいているならまだいいのです。

一番まずいのは、そういう気持ちにもなれず、心が凍りつき、固まって、動かなくなっている状態です。

心が動いていない状態の人は、行き先がなくさまよっている幽霊のようなもの。被災地では家族を亡くしてそんな状態になっている人にたくさん会いました。

ある仮設住宅に行くと、家族・親戚合わせて一〇人以上の身近な人を亡くし、ただ一人残されたという中年の女性に会いました。テレビドラマの悲しい場面や、人様のつらい場面を見聞きすると涙が出ますが、自分のこととなると涙が出ないのです。

そういう状態の人は、自分の現実を自分のこととして受け取れず、喜怒哀楽の感情が欠落してしまっているのです。震災直後、家族を亡くして取り乱して泣いている人は多くありませんでした。遺族らしい人たちの多くは、みなうつろな表情でその場に立ち尽くしていたのです。

それは東北の人が我慢強いからではありません。あまりに突然の出来事で、心が凍てついて固まり、動かなくなってしまったのです。

私は、「カフェ・デ・モンク」を「人を引きつける慈場」にしようと思いました。慈しみの心が磁石となってその場に人が引き寄せられ、そこで被災地の方々の凍りついた心が少しでも溶けて、動いていくきっかけになればいいと思いました。

●いま目の前にいる相手の話を全力で聴く

もちろん、それがうまくいくときもあったし、残念ながらうまくいかないときもありました。

ですが、思い描いていたような結果になるかどうかはまた別問題です。必ずしもハッピーエンドになるわけではないのも「傾聴」なのです。だから聴く側の人は、傾聴が一〇〇%うまくいくことを目指す必要はありません。一瞬一瞬を真剣に相手と向き合い、耳を傾けていればいいのです。

話す側も、自分の心の中にあるものを伝えようとしてうまくいかないときは、当然、苦しい思い、悲しい思いをします。

でも、苦しいけれども、悲しいけれども、それでいいのです。苦しい、悲しいという感情さえも浮かばなくなってしまったら、生きているかどうかさえわからなくなってしまうでしょう。そうならないためには、どこに向かうにせよ、とにかく進んでいかないといけません。

これまでまったく動かなかった心の中から感情が出てきたなら、一歩前進です。心が動きはじめたとき、自らを復元しようとする力が同時に働きはじめるのです。

●まずは相手の語ることを「全肯定」する

「傾聴」では、相手が語ることに対し、まずは「全肯定」します。

どんな理不尽なことでも、非論理的なことでも、最初は肯定してあげるのです。

そのとき、自分のいままでの知識や経験から判断して、承服しかねることもあるでしょう。

でも、そこで、

「そんなわけないでしょう」

「そういうことはいけませんよ」

などといってしまえば、全否定することになってしまいます。

相手の話を「全肯定」するときに、聴く側は「自己否定」をすることが必要です。

人はみな自分がこれまで積み重ねてきた知識や経験があります。それが自分のフレームをつくっているのですが、その枠におさまらない人がいると、その人を拒絶しようとしてしまいがちです。自分の枠から外れた人は間違っているとしてしまいがちなのです。

そうなるともう聴く耳を持つことはできなくなります。

そうならないためには、自分のフレームを壊す必要があります。

そうでないと、相手に真正面から向き合えません。「傾聴」は絶対的な他者肯定の姿勢が必要であり、ある意味で、絶対的な自己否定の姿勢が必要でもあるのです。

しかし、ここでいう「自己否定」は、ネガティブな意味ではなく、自己向上のためのものです。このことをドイツの哲学者ヘーゲルは「アウフヘーベン」（止揚）といいました。

自分の人生のフレームを、他者の語る物語によって柔軟に変化させていくということです。

もし、自分のフレームの中だけでものごとを見てしまえば、その枠にぴったり当てはまるもの以外は理解しようとしなくなり、「私とは関係ありません」と無関心になります。

これのなれの果てが、いわゆる「専門オタク」であったり、「非寛容な人間」であったりします。

●「哲学」がない人は、人の話を聴けない

私は震災後、「専門オタク」によく会いました。

たとえば、原子力関係の専門家たちです。震災後、さまざまなシンポジウムや講演に呼ばれて話をさせてもらいました。

そのとき、一緒に登壇する専門家の話も聴く機会があります。彼らの話を聴いていると、膨大なデータと専門用語を使い、論理立てて話をします。

たしかに説得力があります。けれども、私が専門外の話を振ると、彼らは決まって「それについては、私は専門外なので」といってだんまりを決め込んでしまうのです。

たとえば、原子力の技術的なことは差し置いて、「じゃあこれからの人類はどのように原子力を扱っていけばいいのか」という問いをすると、急に口ごもってしまいま

す。もしくは、話を逸らして、また自分の専門分野の話をはじめてしまう人もいました。全体を俯瞰するということが苦手なのです。つまり、彼らには「哲学」がないのです。

●人の役に立っていると実感できるかどうか

これは何も原子力関係に限ったことではないでしょう。科学技術全般に対しても同じことがいえます。

科学技術はそれぞれの分野で大変高度化しているけれども、その技術がどのように人の手にわたって、どのように人の生活にかかわっていくべきなのかを答えることはできません。あまりにも技術が細分化されてしまって、全体を俯瞰するということができなくなっているのを感じるのです。

一般のビジネスでも同じではないでしょうか。

他社と競争して勝っていくには、専門性を追求して、とことん突き詰めることで差別化しようと考えます。すると、どんどん細分化していきます。

そうやって専門化、細分化するほど、全体像は見えにくくなります。すると、仕事をしている自分は、全体のうちのいったいどの部分を担っているかがだんだん見えなくなってくるのです。

たしかに「専門オタク」になると、その分野での仕事はどんどん面白くなっていくでしょう。

しかしながら、「自分がやっていることは、このように人の役に立っている」と思うことができなければ、達成感は得られにくいと思います。使命感、誇りといったものも芽生えてきません。

たとえ、分業であっても最終的な制作物が物として目に見えるならまだいいのですが、見えにくいものであればさらにわかりにくいので、もっと達成感は得にくくなっていくでしょう。

東北の自動車部品工場が震災で操業できなくなったとき、東北以外にある各自動車メーカーの生産ラインも軒並み停止してしまうということが起こりました。皮肉なことに、それによって東北の自動車部品工場の従業員たちは「自分たちがつくっていたものはこんなにすごかったんだ」と知ったのです。

●相手の話が受け入れがたいときはどうするか

自分のフレームは、カメラのフレームと同じです。

カメラはレンズのフレームにおさまる範囲しか写真に写すことができません。

東日本大震災の被災地を撮影しに来たカメラマンで、「私はどこでシャッターを切っていいかわからなくなった」といった人がいました。

被災現場があまりにも凄惨なため（フレームの外にはみ出ているため）、どこでシャッターを切ったとしても全体をとらえることができない、この現状を伝え切れない……だから、シャッターが切れなかったのでしょう。その気持ちはとてもよくわかります。

繰り返しますが、「傾聴」でいうところの「自己否定」は、「自己向上」のためのものです。自分のフレームをなくしてしまうことではありません。

相手の話を聴いていて、自分のフレームにおさまらないものが出てきたとき、そのフレームをもう少し広げたり、ずらしたり、柔軟に変形させたりすることです。自分のフレームを自由自在にコントロールすることが大切です。

それをしようと努力せずに、自分のフレームの中に無理やり押し込めてしまったり、フレームの外にあるものに無関心になってしまったりするのは、傾聴からもっとも遠い態度です。こういう人が、いわゆる「専門オタク」なのです。

自分の〝専門性〟を捨ててはじめてわかること

東日本大震災の被災地を見て回ったとき、自分の宗教家としてのフレームが壊れてしまった――ということは先述しましたが、これは宗教という専門性を捨てた瞬間でもありました。

身にまとっていた宗教的な教義を脱ぎ捨て、裸で被災地を歩いていたとき、答えようもない質問が、被災者からどんどん投げかけられました。

たとえば、「どうしてこんなことが起こってしまったんだ?」「なぜ自分が生き残ったの?」「なぜ助けることができなかったのか?」「遺体が見つからない。どこに行ってしまったの?」といったようなことです。

それは、あらゆる宗教言語を拒絶するすごみがありました。

その問いに対し、あらゆる教理・教義、宗教言語を駆使して、その場を取り繕うことはできたのですが、それでは「逃げ」になります。自分の専門性、自分の領域の中に逃げ込んでしまうことになります。その人に寄り添った答えにはなりません。

そうやって逃げていれば、正面から答えなくてすむのですが、でも、それを聞いても相手はまったく納得しないでしょう。その人たちが納得するためにはこちらも鎧《よろい》を脱いで武装解除するのです。

そして、その答えを探し、一緒に泥の中を歩んでいくしかないのです。

有史以来幾度となく地震・津波に襲われている地方です。たくさんの人が死に、たくさんの財産が失われました。しかし、その都度立ち上がってきた人々です。

おそらく、どこに着地すればいいのか自分自身でもわかってはいるのです。最後は「しょうがない。これが自然だ。私たちはこの自然に与えられ、この自然に奪われるんだ」となります。

ただ、それには時間がかかります。

少しずつ納得を重ね、人生を前に進めるしかないのです。

●人の話を聴けず、頑固になってしまう理由

会社の中の話でいうと、上司は〝裸〟になるのが怖いのかもしれません。確固たる自分を保ちたい。ブレている自分を見せたくない。だから、自分の専門性に逃げ込んだりして、頑固になり、部下の話が聴けなくなってしまうのでしょう。

自分がそれまで積み上げてきたものがガラガラと崩れていくのが怖いのはわかります。私も〝武装解除〟するときには、「自分はいったいどうなってしまうんだろう」と怖くて足が震えました。

でも、怖がることはありません。

身にまとっていた鎧を脱ぎ捨ててしまっても、その鎧はそのまま消えてなくなってしまったわけではありません。そこらにバラバラになって散らばっているだけです。それをまた拾い上げて、また身につければいいのです。でもそのときの鎧は、被災した人が苦しみの中から紡《つむ》ぎ出した珠玉の言葉で飾られているのです。

私も、「カフェ・デ・モンク」での傾聴活動を通して、壊れてしまったフレームを、

もう一度、自分の中で再構築していきました。バラバラになった鎧を拾い集めて、また歩き出したのです。

●「自分は間違っていたかも」「こんな考え方もあるんだ」

相手の話す内容が、主観的なとらえ方によるものであったとしても、それを受け入れてあげること。その上で、二人で共有できるフレームをつくっていくことが大切です。

自分のフレームを壊すには、

「自分が思っていたことは間違っていたかもしれない」

「こういう考え方もあるのだな」

と、自分を疑い、相手を尊重する姿勢が必要です。常に「対等」な目線で接していなければなりません。

相談する側・される側という構図、ケアをする側・される側という関係性があると、どうしても上下の関係になりがちです。

「自分が上だ」と感じている人は、下に見ている人から何かを学ぼうとは思えません。だから「対等」な立場を貫くのです。そうすれば相手からたくさんのことを学ぶことができるはずです。

●「幽霊の話」さえ私は肯定した

私は宗教者として考えさせられたことがありました。

東日本大震災が起こって数カ月したころから、「幽霊の話」を聞くようになりました。大勢の人が亡くなった現場やその近くで、いるはずのない人を見たり、たしかにそこにいた人が忽然《こつぜん》と姿を消したりするといった話です。

しかし、私がそうした幽霊の話を聴いたときに思ったのは、強度のストレスから起こる「幻想だろう」ということです。

同時に、「いや、私は世の中の出来事を合理的にとらえすぎていないか」とも思いました。

私の属している曹洞宗の僧侶は、幽霊の話は学びません。しかし、だからといって、これまで自分が学んだことからはみ出すものを、ただの「迷信・幻想」として扱おうとしていないか——と。それは被災地を歩く宗教家としては由々しきことであると考えたのです。

すると、そうした幽霊話にも、「あれだけ大勢の人が亡くなったんだ。幽霊くらい出たってちっとも不思議じゃない」と思えてきました。

そして「怖がるんじゃない。幽霊が出たら話しかけなさい」とアドバイスしました。マスコミに向かってその旨の発言もしました。

すると、テレビにもよく登場する、物理学を専門とするある大学教授から「いまだに幽霊の存在を肯定する宗教者がいる。けしからん」とお叱りを受けたのです。

●自分のこれまでの価値観をいったん脇に置く

たしかに幽霊の話は非合理的かもしれません。

でも、生きている人が、亡くなった人のことに思いをはせて、「幽霊でもいいから会いたい」といっているのを聴いて、自分は安全な場所にいて、「幽霊なんているわけがない」と断言したところで、いったいなんの意味があるでしょうか。

幽霊の存在を論議するのではなく、幽霊を見たといっている人の側に立ち、寄り添い、一緒に考えていくことが誠実だと私は思いますが、いかがでしょうか。

「他者肯定」と「自己否定」を絶え間なく繰り返すのが、傾聴の極意だといいました。

普段の生活で自らのフレームをわざわざ壊す必要はありません。

しかし、「傾聴」という場に立つという役回りになったときは、自分のこれまでの価値観をいったん脇に置き、まっさらな状態で相手の話を聴く必要があると私は思っています。

●傾聴の場は、善・悪を判断する場ではない

傾聴の場で、自分の価値観に加え、もう一つ脇に置いておかなければならないのが「一般的な価値観」です。

特に傾聴の最初の段階で一般的な価値観を持ち出して諭《さと》したり、アドバイスしたりすると、相手は話す気力を失ってしまいます。

私たちは自分の価値観と一般的な価値観をすり合わせて、日々、ものごとを判断しています。

ここでいう一般的な価値観とは、多くの人が共有している最大公約数的なものです。たとえば、自殺はよくないことだという一般的な価値観があります。「つらくて自殺したい気持ちになることがあるんですよ」といわれたとき、「命は大事にしなきゃいけない。自殺は絶対によくないものです」といったら、相手はもうそれ以上、話すことができなくなってしまうでしょう。

傾聴の場は、善・悪を判断をする場ではありません。

相手のいうことを、まずは「そのまま」「あるがまま」に受け止めて、共感してあげなければなりません。

それなのに自分の価値観や一般的な価値観を持ち出してしまい、相手を傷つけてしまうことはよくあります。

「そんな暗いことといってないで、元気を出して。もっと明るい話をしよう」などといったら、それは、とどめの一撃になってしまうでしょう。

しかし、人はそういうことをいってしまいがちです。私もたまにいってしまうことがあります。頭ではわかっていても、いってしまう自分がいるのです。

そこを私もきちんと反省していかなければならないと思っています。

●二つとして同じ現場はない

私が尊敬する高木慶子先生というグリーフケアの専門家がいます。

高木先生はシスターであり、上智大学グリーフケア研究所にかかわりを持った有名な方です。

グリーフケアとは、大切な人を亡くした人の心の痛みや悲しみ、苦しみを癒すための援助を行なうことです。

高木先生のように三〇年近くケアに携わってきている方でも、二つとして同じではない現場で試行錯誤を重ねています。「この間こういうことがあって、私はいままでこういうふうに思っていました。でもこの現場ではまったく通用しませんでした」というような反省を率直に述べます。

私は高木先生の話から自らを振り返り、宗教者はいつでも反省（自己否定）できる構えがなければならないと学びました。

たゆまぬ他者肯定とたゆまぬ自己否定の連続の上に、宗教者は立っているのだと思ったのです。

このことは、医師、弁護士、看護師、介護士、教師、役所の職員といった、人の話を聴くことが仕事と直結している人たちにも持っておいてほしい資質です。人の人生に介入していく立場の人には大切なことだと思うのです。

そうでないと、本当に取り返しのつかないことも起こりえます。生きる力が弱く、助けが必要な人を見落としてしまう世の中になってしまうでしょう。

●人にはそれぞれ「物語」がある

あるとき、石巻で開催した「カフェ・デ・モンク」で、大事な人を亡くしたおじいさんに会いました。

三月一一日の二〇日前、そのおじいさんの家庭は喜びに満ちあふれていました。娘さんが帰省してはじめてのお産をしたのです。その家庭を津波が襲い、孫、娘、妻が流されて亡くなってしまったのです。

仮設住宅の一室で、一人悲嘆にくれる毎日を過ごしていました。やがて夏の恒例行事である灯籠流しがやってきます。命の象徴であるロウソクの火をともして亡き人を想う行事です。特にこの年は震災で亡くなった人々の初盆にあたります。

おじいさんも三つの灯籠を流しました。すると、最初、風と波にもまれ、三つバラバラに流れていたのですが、一〇〇メートルほど先で三つの灯籠がスーッと寄り添うように集まって一つの灯りとなり、そのまま海に向かって消えていったのです。

その瞬間、おじいさんは孫、娘そして妻の三人はあちらの世界で一緒に暮らしている、そう確信します。

伝統行事を通し、おじいさんの中で一つの「物語」が生まれ、それによって少しずつ気持ちを整理していったのだと思います。

●その人なりの物語とは？

また、別の石巻の仮設住宅にいるおばあさんは、こんな話をしてくれました。

そのおばあさんは娘さんに連れられて「カフェ・デ・モンク」にやってきました。おばあさんはおばあさんに、「ほら、和尚さんがいるから訊いてみろ」といいます。おばあさんは私の前に座り少しずつ話しはじめました。

おばあさんのご主人は、人工透析をしていたそうです。震災が起きた日、津波の中を逃げ回り、やっとの思いで命は助かったそうです。そのまま、石巻日赤病院に運ばれましたが、そこは患者がいっぱいだったので、ヘリコプターで仙台の病院に運ばれました。しかし、三日後に亡くなってしまったのです。

私は黙って聴いていました。

「そのとき私は娘の家で主人の帰りを待ってたんだ。そしたら主人が亡くなる日の朝、九時くらいから昼頃まで、季節外れのウグイスがやってきて、私に向かって『ホーホケキョ』って何回も何回も鳴ぐんだっちゃ。『何だべね』とみんな不思議がっていたら、午後になって主人が亡くなったと連絡が入ってね。それで和尚さん、庭で鳴いていたウグイスはおじいさんだったんだべか」

私も石巻弁で返しました。

「んだ。そのとおりだ。それはじいちゃんだったんだべ」

「和尚さん、そんな話ってあんだべか」

　私は次のようにいいました。

「あるっちゃ。私たちの命は、大きな命の中でそれぞれ息づいているものなんだ。だから、ウグイスもおじいちゃんなんだ。おじいちゃんがウグイスになって現れて、『ばあちゃん、俺はもうダメだ。先にあちらの世界に行くから、ばあちゃんは娘たちと仲よく暮らせよな』とお別れに来たんだべ」

　すると、おばあさんは「ああ、よがった。ほっとした、お別れさ、いいに来たんだ……」と涙ぐみながらも少し笑みが戻ったような表情を浮かべていました。


　先の話とこの話で、私が何をいいたいかというと、「人間には物語をつくる能力がある」ということ、そして人間の持っている自己回復能力（レジリエンス）は物語を通して表現されるのだということです。

　傾聴を通し、その人が持つ固有の「物語」を聴き、そしてそれを肯定してあげることで、その人の心を動かすことができる、ということです。

　このことは、上司が部下の話を聴くときも、夫が妻の、妻が夫の話を聴くときも、子どもの話を聴くときも、すべて同じ大切なポイントです。

●人は「大きな何か」を感じるときがある

いまは「スピリチュアル」というと何かいかがわしいもののような、インチキ臭いもののようにとらえている人もいます。

しかし、本来、人間そのものがスピリチュアルな存在です。

なぜ生きているのだろう、自分はどこから来たんだろう、死んだらどこへ行くのだろう、なぜ私はこの本を読んでいるのだろう——。

そう考えれば考えるほど不思議なことです。

じつのところ、人間は人間のことについて、何もわかっていないのかもしれませんね。

おそらく人間は意識、無意識の領域を超え、サムシンググレート＝「偉大なる何か」によって支えられているように感じます。

先の話の「灯籠流し」のおじいさんは、本人の中では、「偉大なる何か」を感じていたのだと思います。

おじいさんがいう「あちらの世界」は、仏教でいう極楽浄土のことをいっているのでもなければ、キリスト教でいう天国でもないでしょう。そういうものをすべて飲み込んだ、何か偉大なるものの世界です。

その「あの世」と「この世」の媒介となったのが、灯籠流しという伝統文化でした。灯籠流しは、石巻の川開きという、石巻が開港したときからはじまった伝統行事です。

命の象徴であるロウソクをともした灯籠が一つになって流れていって波間に消えていった——それが、おじいさんのスピリチュアリティを呼び起こす引き金になったのです。

そして、「あっ、これは絶対、こういうことに違いない」という彼なりの物語をつくっていきました。

それは、おじいさんが「偉大なる何か」を感じ、自分で紡ぎ出したかけがえのない物語です。

●人に「寄り添う」とはこういうこと

死んだ夫をウグイスに見立てたおばあさんもそうです。それはおばあさんの中で感じた「偉大なる何か」によって、「こういうことに違いない」という物語を紡ぎ出したのです。

それに対して、「そんなことはありえない。単にタイミングよく、灯籠が一つになったり、ウグイスが鳴いただけじゃないの?」などといえるはずがありません。傾聴の場は、「真実は何か?」を議論する場ではないからです。

私が「そうに違いない」と答えると、そのおばあさんは、とてもほっとした表情を浮かべていました。

「ありがとう。うれしいな。お別れにも来ないんだと思ってた」

「いや、そんなことないよ。来年は蝶々になって来るかもしれないよ。よく見てるんだよ」

そんな会話を交わしたおばあさんの顔は、とても晴れやかでした。

人生には物語があります。偉大な何かに包み込まれた物語があるから、人は生きていけます。

その物語に、科学的な根拠など必要ありません。相手のつくった「物語」をきちんと受け止めてあげる、それが傾聴において大切な、相手に「寄り添う」態度、姿勢です。

●子どもの見る世界を理解してあげる

相手の物語を受け止めるということは、じつは難しいことではあるのです。

特に相手が子どもの場合がそうです。

子どもは自分がやりたくないことについて、さまざまな言い訳をします。「宿題をしたくない」「遅くまで起きていたい」「学校に行きたくない」……。

もちろん、子ども自身の心が弱くて、単なる怠惰でそういっている場合もありますが、どう頑張ってもどうしてもできないということが、大人同様、子どもにもあります。

どう頑張ってもできないと子どもがいっているとき、頭ごなしに叱りつけてもけっして事態は好転していきません。

そういうときには、子どもに対しても傾聴することが必要です。子どもを理解するには、子どもが見る世界と大人の見る世界は違います。子どもが見ている世界に自分も降りていく必要があります。

昔のラジオでチューニングを合わせるようにして、子どもの見ている世界を想像していきます。そうして子どもの波長に自分の波長がちょうど合致したときに、子どものいろいろなことがわかってきます。「この子が感じているのはこういうことなのかな」ということが伝わってくるのです。

●大人の視点からものをいわないこと

たとえば、「人の目線が怖い」といって学校に行きたがらない小学生がいるとします。「教室に遅れて入っていくと、みんながこっちを見るんだ」というのですが、大人からみれば、「それは教室に遅れて入っていくから、みんながあなたのほうを見るんだ。最初から教室にいれば、誰も見ないよ」といったところで、子どもは納得しません。それは親が見た世界を前提にした言い方だからです。

子どもがなぜそう思うかを考えることが重要です。自信がないから、常に見られていると感じてしまうのかもしれません。だから人の目が怖いと思ってしまうのかもしれません。

「そんなの、誰も見ていないよ」というのは、大人の視点を押しつけていることになりますから、そうではなく、「そうなんだ、人の目が怖いと感じているんだね」と肯定してあげることです。

そうして怖いという子どもの感情をもっと深く掘り下げてみてはいかがでしょうか。怖いという感情にもいろいろな「怖い」があるのです。

「みんながみんな、自分のことに注目しているわけがない」という親の感覚はいったん脇に置いて、子どもの言い分を素直に受け入れることが大切です。

そうすることで子どもは安心し、そんな自分と折り合いをつける方法を少しずつ学んでいきます。

●「沈黙」の中にこそ真実がある

傾聴において一番困るのは、長く沈黙が続くことです。

しかし、じつは沈黙している間も、言葉ではない何かで会話しているのです。

もっといえば、沈黙にこそ隠された真実があるといっても過言ではないでしょう。

傾聴には「沈黙の時間」も必要なのです。

多くの人は沈黙の時間が苦手です。お坊さんの中にも、相手からの言葉を待ち切れず、ついつい自分からしゃべって説教してしまいがちの人がいます。

また、私の知り合いの医者も、「私たち医者も、看護師も、とてもよくしゃべるけれども、患者さんからの話はなかなか上手に聴けません」といっていました。

長い間、肩の関節を患い、手が上がらない七〇代のおばあさんから相談を受けました。主治医は整形外科では日本で何本かの指に入る名医です。何回かの手術を経てもなかなか治りません。いよいよ人工関節を入れることになりました。

しかし、前回の手術から二カ月ほどしかたっておらず、おばあさんの心は折れそうになっていました。その主治医は、ためらうおばあさんに「大丈夫です。私に任せておきなさい」の一点張りです。よほど自信があったのでしょう。

おばあさんは先生の前では何もしゃべれず、心が不安と恐怖でいっぱいになってしまったのです。沈黙するしかありませんでした。おばあさんは「先生と私の歩調が違うんです」と訴えていました。

医者は沈黙の中におばあさんの不安と恐怖を読み取り、適切な言葉をかけるべきだったと思います。

●「沈黙」を怖がらない

昔は「沈黙は金なり」といわれましたが、いまは黙っていたら「何を考えているかわからない人」などといわれてしまいます。

試しに一分間、うなずいたり、あいづちを打ったりするだけで相手の話を黙って聴いてみてください。たった一分ですが、それはとても長い時間に感じられるはずです。どうしても口をはさみたくなってきます。

たった一分でさえそうなのですから、「黙って聴く」ことに徹するのがいかに難しいかわかると思います。

「沈黙」を怖がり、会話をする上で避けなければならないもののように思っている人は多くいます。しかし、それがとても重要なときがあります。

相手が何かを訴えようとしているときは、黙って聞くという姿勢がとても大切です。それから、上手なうなずきや、タイミングのいいあいづちは話を引き出すのに役に立ちます。

私たちは、傾聴活動のほか、被災地向けに「ラジオ　カフェ・デ・モンク」を放送していました。

そのときのパーソナリティは、とても上手にあいづちを打つので有名です。スタジオで彼女の態度に触れ、彼女には一〇〇通りのあいづちがあるなと感じました。もちろん一〇〇というのは厳密な数ではなく、話の流れに沿った上手なあいづちをたくさん持っているということで、それを駆使して相手の話をうまく引き出すのです。

営業マンでしゃべりがまったく達者でないのに、成績は抜群にいいという人がいますよね。そういう営業マンは話の引き出し方が上手なのだと思います。

住宅や自動車などの営業では、特に重要なのが黙って聴き、相手の望むことを上手に引き出す態度だと思います。高額な買い物をする場合は、お客は自分の話をよく聴いてくれる、信頼できる営業マンからでなければ買いたくないからです。

●「黙って聴ける人」には信頼が集まる

黙って話を聴いてくれる営業マンはお客の信頼を集めます。商品知識などは二の次ではないでしょうか。

自分が売りたいものを売りつけようという営業マンは、お客の話であってもまともに聴こうとはしません。途中で話をさえぎったり、自分の都合のよい方向へ誘導したりしようとします。そういう態度が少しでも見えたら、お客は、もうこの人からは買いたくないと思ってしまうでしょう。

そうではなく、「この人は何を欲しているのだろうか」と黙ってお客の話を聴くことができれば、信頼されて物やサービスを買ってもらえるはずなのです。

夫や妻、子どもに対しても同じです。

相手が間違っている、相手に教えてあげよう、相手を導いてあげようという気持ちがどこかにあると、黙って聴くことはできません。途中で口をはさみたくなってくるのです。

話の途中で口をはさみたい気持ちが起こったら、自分の心のどこかに、

「相手が間違っている」

「相手に教えてあげよう」

「相手を導いてあげよう」

という気持ちがないか、点検してみてください。

●こちらから「答え」を出さない

「カフェ・デ・モンク」が三年目を迎えたころ、ある小さな仮設住宅から一通の手紙が来ました。三〇代の女性からでした。

その手紙を読んで、私は愕然としました。

「和尚さん、私はうつ病です。震災のとき、子どもを抱っこして二階に逃げ、そこに

津波が来ました。天井が突き破られて屋根の上に引き上げられ、気づいたときには私の手の中から息子がいなくなっていたのです。息子は私のことを恨んでいませんか？

息子はいまどこにいますか？」

苦しい思いが綿々と書いてあったからです。

私は、手紙にあった電話番号にすぐさま電話をかけました。

「三日後にそっちに行けるよ」と伝え、当日の朝も念のためまた電話しましたが、電話に出ません。おかしいとは思いましたが、ともかく出発することにしました。

すると、途中で女性の旦那さんから電話がかかってきて、彼女が自殺未遂をして今日は会えないことを告げられました。背後では救急車のけたたましい音が聞こえてきます。

私は、基本的な姿勢として、「話を聴きに行くといったらどんなことがあっても必ず行く」ことを心がけています。だから、会えなくとも、とにかくその仮設住宅に行くことにしました。そして、状況を見守りました。

幸いにもその女性は命を取りとめました。そして一〇日後、再び仮設住宅を訪ねました。現れた彼女は亡霊のようなうつろな目をしていました。

「あの日、待っていたんだよ」というと、沈黙が続きます。本当に長く張りつめた沈黙でした。

やがて、一言、本当に蚊の鳴くような声で、「和尚さん、私の息子はいまどこにいるの？」というのです。

私は、その女性の心境に同調しながら、言葉が落ちてくるのを待ち続けました。一〇分くらいたったでしょうか、私の中から、「お母さんだったら、どこにいてほしいの？」という言葉が落ちてきました。

すると、また長い沈黙です。一五分から二〇分くらいたったでしょうか、「あのね、和尚さん。光がいっぱいあふれていてね、お花がいっぱい咲いているところ。そういうところにいてほしい」

そんな言葉が出てきたのです。

●「待つ力」をつける、たった一つのポイント

これが「答え」なのです。

「そこにいるように、一緒にお祈りしよう」と私はいいました。

基本的に傾聴活動では、こちらから「答え」を出すことはありません。答えが落ちてくるのをじっと待つのです。その答えは一〇分後に出るかもしれないし、一年かかるかもしれないけれども、じっと待つのです。これが寄り添うということなのです。

「人が死んだらどこに向かうのか」ということについて、たとえ私が何か答えらしいものを持っていたとしても、この女性にそれを説いたところで、彼女の人生が一歩前に進むわけではありません。彼女なりの物語を自分の中で時間をかけて紡ぎ出すことでしか、答えは導き出せなかっただろうと思います。

傾聴では「待ち続ける」ことが何よりも大切なのです。

「待つ力」をつけるためには、アドバイスとしては簡単ですが、口をはさみたくなるのをグッとこらえること――。

そのことに尽きます。

仏教的にいうと、自分本位の姿勢を捨て、慈悲の心で相手に向き合うことです。

●傾聴は、ある意味で相手との根比べ

何か苦しみや悲しみを抱えていて、それを誰かに聴いてもらうだけで解決につながることはよくありますが、あまりに過酷な体験をして混乱していたり、思考が堂々巡りになっていたりするときなどは、このとおりではありません。

たとえば、東日本大震災が起きて間もないころの被災者の方々は、いきなり「結果」だけを話す人がほとんどでした。

話すというよりも、「訴える」に近いものです。「自分はつらいんだ。なんでこんなことになってしまったのか。和尚さん、これからどうすればいいのか、教えてくれ」という感じです。

彼ら、彼女らは、自分に起きたことや、自分が思っていることを、まとまった話として言葉にすることができません。時系列も関係性などもバラバラです。でも、あれほどの過酷な経験をしたわけですから、そうなってもしかたがありません。

だから、粘り強く聴く必要がありました。

被災者の方々も、なんとか自分の苦しみ、悲しみをわかってもらおうと話し、こちらもそれをなんとかわかってあげようと聴く。

ある意味、根比べのようなものでした。

彼ら、彼女らの口からバラバラに出てくる話の断片を、粘り強く聴きながらつなぎ合わせていきます。「あの出来事は、結局、こういうことだったのだ」「自分は、だから苦しんでいるのだ」「これから、どこへ向かえばいいのか」というピースを二人で一つひとつ見つけ、一枚の絵を完成させていきます。

●傾聴は、取り調べではない

そのために、私はところどころで、「それは、こういうことですか？」と相手に確認していきます。

しかし、それでもピースが見つからないところが出てきます。そこは本人が隠しているところなのです。

「もう一つ、何かがある気がするな」

そういうときは、そのピース（キーワード・キーパーソン）が出てくるまで待ちます。

もちろん、傾聴は取り調べではありません。「それじゃあ、話が合わない。なんか隠していることがあるんじゃない？」などと責めはしません。それでは相手が引いてしまうし、もう何も話してくれなくなるからです。

だから、相手が自分からいい出すまで待ちます。これは、ひたすら待つしかありません。

●こんなところに核心が隠されていることも

たとえば、隠していることは、本人が後ろめたいと感じていることであったり、ごく近しい人への複雑な思いであったりします。これは、聴いていると、ピンと来ることがあります。

こんなことがありました。

震災で夫を亡くしたおばあさんが、その悲しさを話すのですが、本当に話したいことがほかにあるように感じました。

このおばあさんは、夫の死後、息子夫婦と住むことになったというので、ピンと来ました。「お嫁さんとは、どうなんですか？　うまくいっていますか？」と尋ねると、「うん……じつはそこがいろいろ問題なんだけどね……」といって、話しはじめました。

人の悩みというのは、近しい人との「愛憎」が核心にあることが多いのです。

愛と憎しみというのはカードの裏表のようなもの。愛するがゆえの憎しみです。

特に夫や妻に対して不満や愚痴を語る人は多く、「そんなに憎たらしいのなら、一緒にいなきゃいいのに」とも思いますが、でも本当に憎いのなら、相手のことについて話をするのも嫌でしょう。

そうでないのには理由があります。その裏に大概、愛情があるのです。

夫にはほとほと愛想をつかした――などと、憎しみの感情を滔々《とうとう》と述べる女性がいました。

でも、その女性の話からは、過去に夫をすごく愛していたことや、自分もこんなに愛されていた、という言葉が出てきます。そのときのイメージがずっと付きまとっているのですね。要はそのころに戻りたいのです。

「あんたさ、そんな強がりをいってても、ほんとはツンデレなんだべ」

「じつは……私ね、どうしても素っ気なくしてしまうところもあって……」

「本当は、あんた、旦那さんに、甘えたいんだべ。甘えるのがへたなんでねえの」

「でも私、甘え方、わかんなくて。なんかいつも強い自分でいたくってねぇ」

「ほんとは、昔から心やさしい、ガラスの少女なんだべ？」

こんなふうに冗談めかして伝えつつも、「本当は夫への愛」が問題の核心であることに気づかせるような応答をする場合もあります。

これが、問題解決への一歩になることがあります。

●相手の言葉どおりに受け取ってはいけないとき

「傾聴」とは、相手の言葉の裏側にあるものを深く深く想像しながら話を聴くことが大切です。

表面的には、「楽しい」「うれしい」「つらい」「悲しい」「むかつく」など、感情を表わす単純な言葉がたくさんあるのですが、こうした言葉の裏には、一人ひとり、それぞれ、別の意味が隠されている場合があるのです。

こんなことがありました。

震災から数年たったころのこと、ある仮設住宅に暮らすおばあさんがいました。年のころはおそらく九〇歳を超えていたでしょう。

津波で家をなくし、子どもたちとは離れて暮らしているので、仮設住宅で独り暮らしです。

「カフェ・デ・モンク」で、そのおばあさんに最初に会ったとき、おばあさんは怒っていました。

「おまえたち、こんなとこで何やってんだべ。ちょっと騒ぎすぎでねえか」というのです。

「おらなんかな、満州の引き揚げだべ。空襲も経験した。旦那は一六年前に死んだ。津波なんかこれで三回目だぞ。おまえら、こんなことくらいで少し大げさに騒ぎすぎなんだ」というのです。「そうか。ばあちゃん、ごめんよ」と謝りながらも、少しずつ間合いをつめ、打ち解けてきたあたりで、私はいいました。

「でも、ばあちゃん、さびしぐねえのか？」

すると、キッと真剣な表情になって、

「いんや、さびしぐね」

というのです。

でも、その言葉は本当は強がりだとわかりました。実際に、そのおばあさんは、その日の「カフェ・デ・モンク」が終わろうとしても自分の部屋に戻ることなく、結局、開店から閉店の時間までずっといました。

●言葉を単なる「音」として聴かないこと

東北の人は我慢強いといいますが、たしかにそういうところがあります。このおばあさんも、さびしさを自分の中に押し込んで我慢しているのでしょう。「さびしぐね」は、さびしさをいっぱい抱えた「さびしぐね」だったのです。

「ばあちゃん、また来てな」というと、「もう来ねえよ」なんていいます。でも、それからその仮設住宅には三回ほど訪れていますが、そのおばあさんは毎回、来てくれました。

言葉どおりに受け取るなら、「ああ、このおばあさんはさびしくないんだな。大丈夫なんだな」と思ってしまうでしょう。

でも、私には、このおばあさんの怒りの言葉の裏にある「さびしさ」がひしひしと伝わってきました。

本当はさびしいから誰かに相手にしてほしい。でもそれをストレートに表現することは、照れや恥ずかしさ、プライドが邪魔してしまってできない。

傾聴では、言葉を単なる「音」として聞いていたらダメなのです。

その言葉の裏にある「物語」を想像しながら聴く繊細さが求められます。

●人の言葉には「本音」と「建前」がある

日本人というのは、本音と建前の使い分けが上手です。それゆえに、コミュニケーションに齟齬《そご》が生じることもあります。

本音と建前を取り違えて言葉どおりに受け取ると、仕事でも家庭でも問題が起きてくるのではないでしょうか。

「相手が本当にいいたいことは何なのか」をつかむことが必要です。それには、訓練が必要です。

言葉の裏にある相手の思いを想像すること、その言葉には、そこに至るその人固有のストーリーがあることを想像しながら聴くことが大切です。

これを何度も経験していくと、だんだんと「相手が本当にいいたいこと」や「相手が本当に望んでいること」がわかるようになっていきます。

そこを理解することに重点を置かずに表面的なことばかりに対応していても、相手は「そうじゃないんだよな」と思うでしょう。

「こうしろといわれるからやったのに！」と腹を立てても、しょうがありません。相手の心の本質はそこにはないのですから。

本音と建前を駆使する日本人のコミュニケーションは、思ったことをズバッといって相手を傷つけないための、思いやりの表れです。この「思いやり」が、ときにやっかいなのが夫婦のコミュニケーションです。

思いやった上でいったのに、それが空振りに終わったときには「こんなに思いやりを持っていっているのに……」というふうに、怒りに変わってくることもあります。

「愛憎」とはよくいったもので、「愛」と「憎しみ」とは表裏一体ですから、愛から出た思いやりによって、「憎」が生み出されることもあるのが夫婦です。

そうならないためには、たとえ夫婦であっても「言葉どおりに受け取ってはいけない」ことを感じ取り、「相手が本当にいいたいこと」や「相手が本当に望んでいること」を理解しようと努めることです。

そういう姿勢はやがて相手にも伝わり、相手が自分を理解しようとする姿勢につながります。

3章

傾聴とは、「身近な人」を幸せにすること

●いま、こんな「語り合う場」が必要

いまは心の内を語り合う場がどんどんなくなっているようです。

たとえば、昔は上司と部下で飲みに行って、プライベートの話もあれこれしたりすることで、コミュニケーションを深めていた面がありました。

でも、最近は、特に女性の部下にプライベートなことを尋ねたりすると、セクハラなどといわれかねませんし、そもそも上司と飲みに行きたがらない部下が増えているようですね。

知人である役所の職員に話を聴いても、酒席が設けられるのは歓送迎会くらいで、職場の人と飲みに行くことはほとんどないそうです。「ちょっと一杯」のハードルがものすごく高くなってしまいました。

でも、やはりコミュニケーションを取る場をもっとたくさんつくる必要があります。心と心を通わせるためには「会議」の場だけでは不十分です。あらたまった場では会話は弾みません。

たとえば、学校のＰＴＡの集まりなんかでもそうでしょう。「みなさん、ご意見はありますか？」と会長が尋ねてもみんな黙っています。ところが、集まりが終わって、廊下に出ると、お母さんたちはいくつかのグループで輪になって、井戸端会議をしています。じつはそういう場でこそ、活発な意見交換がなされていたりします。

そういう「場」が大切なのです。あらたまった場ではなく、リラックスして話し合うことのできる場、心と心を通わせることができる場です。

"傾聴効果"を高めるちょっとした演出

私たちの傾聴喫茶「カフェ・デ・モンク」は、そういう場にしようと思いました。リラックスして話すことができ、心と心を通わせることができる場。そこには慈悲の心があふれています。だから、そこには仏様も神様もいるのです。そんな場にすることを意識しました。

私は、そのためのアイテムとして、色とりどりのケーキを持っていきました。このケーキは全国からの支援がありましたので、もちろん無料です。

みなさん疲れていたので、甘いものを喜ぶだろうということのほかに、ちょっと非現実的な空間を演出したかったということもあります。起こった出来事を忘れることはできないのだけれど、少しでも心を軽くしてあげたい、現実から目を逸らせてあげたいという思いがありました。

つまりちょっとした「サプライズ」です。サプライズをされると、人の心にはポッとスキが生まれます。そこに温かいものが注ぎ込まれれば、凍ってしまった心が徐々に溶け出していくのです。

コーヒーも一杯ずつ丁寧にドリップして淹れました。まるで恋人が家に遊びに来たときにおいしいコーヒーでもてなすような気分で。

見た目にも楽しい色とりどりのケーキがあって、周りにはコーヒーのいい香りが充満する。テーブルには色とりどりの花。「さあどうぞ、ゆっくり過ごしましょう」といってカップを差し出す——。

相手の心が苦しみや悲しみで固まってしまっているときには、それをほぐす「演出」が必要です。悲しみや苦しみの「場」は、やがてリラックスして話す「場」、心と心を通わすことのできる「場」に自然と変化していきます。慈悲の心があふれる

「場」であり、神仏がいらっしゃる「場」です。

●同じ土地の人間同士にしかわからないこともある

うれしいことに「カフェ・デ・モンク」という「場」は、いま全国一三カ所に広がり、それぞれの地域にあったスタイルで活動しております。

東日本大震災後の私の傾聴活動をさまざまな形で発信させてもらったため、この活動を知った人から「私にもお手伝いをさせてほしい」という申し出が寄せられるようになったのです。

最初は関西の僧侶でした。東北の被災地で、自分も傾聴活動の手伝いをさせてもらいたいとのことでした。

しかし、私はその申し出を断りました。東北の人の言葉や話し方は独特のため、関西の人が聴いても、その本当に深いところを感じ取るのは難しいだろうと思ったからでもあります。傾聴活動はとても繊細な活動なのです。

たとえば、私が「カフェ・デ・モンク」で出向いた石巻は、私の住んでいる栗原とは川の上流・下流の関係にあります。昔の物流は川が基本でしたから、情報は川を通じて共有されます。すると文化も似通ってくるのです。同じ文化背景を共有している人間同士のほうが心は通じやすいのです。

お年寄りの語る東北弁は、しゃべったあとの口の形で意味が違ってきたりします。先述した「さびしぐね」といったあのおばあさんは、最後に口を閉じて、言葉をぐっと飲み込むような口の形をしていました。これは、強がったり、我慢したりしているときに東北の人がする表情で、それは私が東北の人間だからこそわかることです。東北の人でないと、「そうなのか。さびしくないんだな。もう乗り越えたんだな。お年寄りはさすが達観しているな」などと思ってしまうのですが、そうではないのです。

関西の僧侶にはそういうことを説明して、「あなたにはあなたの現場がある。あなたの地域の人の話を聴いてあげてください」といってやんわりとお断りしたのです。

●あなたに話を聴いてもらいたい人が近くにいる

私が常日ごろ、傾聴活動の心得として伝えていることの一つに、「自分の半径二〇メートルの範囲にいる人の話をよく聴きなさい」ということがあります。

もちろん「二〇メートル」というのは、厳密な意味での数値ではなく、ようするに「すぐ近くにいる人の話をよく聴きなさい」という意味です。

マザー・テレサは、日本の福祉施設の関係者が「自分もコルカタに行って、貧しい人を救いたい」といったとき、「コルカタはあなたたちの周りにもある」といって諭したといいます。

人はどうしてもわかりやすいもの、派手なものに目が行くものです。大きな自然災害などが起きていっぺんに大勢の人が亡くなったりすると、嘆き悲しみ、被災者のために自分に何かできないかと考えます。

それはもちろん、すばらしい志ですが、でも、もっと近くにいる人の苦しみや悲しみ、孤独に目を向けられる人が少ないのです。

まずは半径二〇メートルを見渡してみましょう。

家族、親戚、ご近所さん、職場の人……その中に、目を向けるべき人はいないでしようか。人間関係をもっとよくできる人はいないでしょうか。いるはずです。

その人の話を傾聴してみることです。

●傾聴で、職場の人間関係をよくする

「半径二〇メートルの範囲にいる人の話をよく聴きなさい」、つまり「すぐ近くにいる人の話にもっとよく耳を傾けなさい」というのは、あなたが勤めている職場の人間関係にもいえます。

職場の人間関係を円滑にしようというときには、コミュニケーションを密にすることが重要です。

そのためには食事やお酒の席に誘うことも一つの手ですが、内容によっては、適切ではないケースもあるでしょう。

たとえば部下が、「ちょっとお話があるんですが……」といってきたときのその雰囲気なりを察知して、これは飲みニケーションがいいのか、それとも会議室で一対一

でじっくり話を聴くほうがいいのか——を判断する必要があります。

会社の存在意義には、「利益追求」だけでなく「社会貢献」がなくてはならないと私は考えています。たとえば、社会に役立つ人材を育てることです。

特にリーダー的な立場の人は、利益のみを追求するだけでなく、仕事を通して部下を社会に役立つ人間に育てるという意識、そういう人間を育てることで自らも社会に貢献するという意識を持ってほしいと思います。

「部下は上司を選べない」といわれますが、上司だって部下を選べません。特に中間管理職の立場の上司はそうでしょう。

上司は、どんな部下であっても、「この部下とうまくやっていくんだ」と腹を決めて、いい人間関係をつくるための工夫をしなければなりません。それは上司の役目なのです。

●上司はたまにスキを見せることも必要

部下といい関係をつくるための基本は、やはり「傾聴」です。

私は「カフェ・デ・モンク」で、ユーモアをふんだんに盛り込むことを心がけて、リラックスして話ができる場、心と心を通わせることができる場をつくる工夫をしたことは述べました。

そして、これも前述したように、そこで私は、「暇げで、軽《かろ》みのある佇《たたず》まい」でいました。

なぜなら、忙しげに立ち回っている人、眉間にしわを寄せて難しい顔をしている人に、誰も話しかけようとは思わないからです。だから、何か昔からずっとそこにいたような、自然体でいようとしたわけです。

このような出来事がありました。

震災から四年ほどたったころです。そのころになると私も少々疲れが出て、腰痛を抱えながらの活動でした。ある仮設住宅で傾聴をしているときに、どうしても腰が苦しくなって、「おばあさん、和尚さん寝ころんでいいか？」と断って寝ころびました。

「いいよ、和尚さんたちも大変だからね」。

その後は寝ころびながらの傾聴です。本来、傾聴の態度としては好ましくないのですが、なぜかおばあさんと自分の間にある垣根が崩れて、自然な会話が続いたような気がします。

そんな雰囲気でいれば、自然と話が弾むものなのです。

●こんな「余裕」を見せることが大切

あなたが上司だとして、いつもイライラしていないでしょうか?

カリカリしていないでしょうか?

眉間にしわを寄せて難しい顔をしていないでしょうか?

余裕なく忙しげに立ち回っていないでしょうか?

それでは部下は話しかけてきません。

もっと「暇げで、軽みのある佇まい」をしてみることです。

そのときには多少の演技が必要です。

上司は、たとえ忙しくても暇なような雰囲気を醸し出し、たまには下らないダジャレの一つもいって、スキをつくっておくことです。

たとえば、自分のプライベートな話をしてみるとか、自分の失敗談を話してみるとか、どうでもいいテレビの話をしてみるとかしましょう。

そのときには、ちょっとオーバーに話を盛るくらいのパフォーマンスも必要かもしれません。上司であれば、それくらいの演技力はあったほうがいいでしょう。

ようするに「余裕を見せる」ということです。

時間的にも精神的にも余裕を持った態度でいることです。

もちろん、相手から「ちょっと相談がありまして……」と切り出してくれるのが理想ですが、いまは自分の内側に抱え込む人が少なくありませんから、日ごろからよく観察して、相手の様子がおかしいときには積極的に声をかけていくことが必要です。

そうして相手を前にしたら、根掘り葉掘り聞き出すようなことは、厳に慎むこと。他愛もない話から入り、ときには黙って、相手の口から何かが出てくるのを待つことです。

そうすれば、部下も心を開いて話をしてくれるようになります。その話によく耳を傾けましょう。それが部下といい人間関係をつくることに必ずつながっていきます。

そうやって「聴く力」を磨くために努力や工夫をした経験は、必ず人間の器を大きくしてくれるはずです。

●上司は部下の話を「ただ聴く」だけでいい

部下の話を聴けない上司は、何かズバッと問題が解決するようなアドバイスをすることを期待されていると思って、プレッシャーに感じているのではないでしょうか。

これは特に男性の上司に多く見られる傾向だと思います。

そのプレッシャーを感じた経験、あるいはうまくアドバイスできなかった経験をして自信を失い、それならもういっそのこと遮断してしまおうと、話が聴けない人になってしまったのかもしれません。

しかし、部下の話を聴くとき、必ずしもなんらかの解決策を示さなければいけないわけではありません。

部下の話を「ただ聴く」だけでもいいのです。部下は話をすることで、自分で解決策を見つけていくことも多いからです。

前述したように、人は何か悩み事があって、それを誰かに話し、わかってもらうためには、その悩みの原因や、これまでの経過などを、頭の中で整理しながら伝えなければなりません。

すると、そのプロセスで、自分の悩みを客観的に見つめることになり、自ら解決策を導き出すことも多いのです。また結論がなかなか出ない難しい問題というのは、アドバイスではなく、「時間」が解決していくこともあります。

ですので、そういう問題は、解決を急ぐわけでもなく、かといって投げ出すのでもなく、適当な間隔を空けることも必要です。

●「私は、あなたのことを気にかけているよ」と伝える

「カフェ・デ・モンク」では、同じ場所には一カ月か、二カ月くらいの間隔を空けて行くようにしていました。悩み事を聴いて、ある程度話が煮詰まったら、そこでいったん打ち切るようにするのです。適当な時間的間隔は、その方の心や状況を変化させることもあるのです。

たとえば、「おばあちゃんね、おばあちゃんの体のことは、和尚さんはよくわかんないから、お医者さんによく相談しないといけないよ」と伝えて、「次に来たらその

ことを聴かせてね。必ずだよ。約束だからね」といった言葉を必ず残すようにしていました。

「私は、あなたのことをずっと気にかけているからね」と伝えられると、相手にとってすごくはげみになります。

「大丈夫、きっとよくなるから」なんて不確実なことはいいません。「どうなったか、聴かせて」とだけいっておけばいいのです。

そして次に行ったときには、「その後、どうなったの？　お医者さんによく相談したの？」なんて切り出したりしません。「前より、顔色がよくなったかな」みたいな感じで傾聴に入っていきます。

すると、相手のほうから話してくれます。

そして健康の問題でも、家族の問題でも、何かものごとが好転していたときは、一緒に心の底から喜んであげることです。

でも、へたなつくり笑いは、すぐ見抜かれます。うわの空で喜んでも必ずバレます。悩んでいる人は感覚が鋭敏になっているからです。だから、心底、本気で喜んであげることです。

上司も自分のことだけで大変なのに、部下の悩みも解決してやろうと気負っても苦しいばかりです。

自分が解決策を提示してやろう——なんて思わなければ、気楽に聴けるのではないでしょうか。

●「そんなの気にするな」は相手を傷つける

部下が上司に何か悩みを打ち明けるときは、よっぽど苦しいのだと思ったほうがよいでしょう。上司から見ると、部下の悩みは一見、たいしたことがないように見えます。上司は大概、部下より年齢が上でしょうから、部下が抱えるような仕事やプライベートの悩みなどは、ひととおり経験しているので、そう見えてしまいがちです。

しかし、若手はいまはじめてそれを経験しているのですから切実です。

たとえば、部下の人間関係の悩みなどに対して、「そんなの気にするな」などとやってしまうと、「私は聴く気がありません」といっているようなものです。

そうではなく、やはり苦しいのは苦しいのだから、苦しいその人の立場になった言葉を発していかないと、もう二度とこの人には何も話したくないということになってしまいます。

●「人の話を聴けているだろうか」と定期的に自問する

私の場合、深刻な悩みに関する電話相談では、最初に「よく電話してくれたね。つらかったでしょう」と声をかけます。

相手は全身全霊をかけて相談してきているのだから、こっちも全身全霊をかけて受け止めなければなりません。

そして、その後も「私は、あなたのことをいつも気にかけているよ」ということを伝えるようにしてください。

でも、こちらから「あれ、どうなった?」と切り出さないこと。関心を持っていますよというオーラを漂わせながら、じっと待つのです。

そして、二度目の相談があったら前回の聴き方がよかったのだと思えばいいし、なかったらダメだったのだなと反省することです。

とはいえ、あまりにも間が長くなったらちょっと声をかけてあげるとか、「気になっていたんだけど、その後どうなった？」というような声がけは必要です。その人のことを本当に大切に思っていて、そのために出てくる一言であれば大丈夫です。あっちから話を切り出すまでは一年でも二年でも待て、ということではありません。

いずれにせよ、上司には「聴き役」に徹してほしいと思います。週に一回、一カ月に一回でもいいから、ちょっと自分を振り返ってみて、はたして自分は自分のことばっかりしゃべっていないだろうか、部下の話をしっかり聴いているだろうかと振り返ってみてほしいと思います。

●傾聴に〝効率〟を持ち込まない

上司と部下の関係において、コミュニケーションは、仕事上においては情報の伝達、指示、あるいは仕事に対する姿勢の伝授といったようなものが多くなってくると思います。

しかし、それだけでは本当に奥深い仕事はできないのではないでしょうか。

やはり、お互いの性格だけでなく、人間性といったものまで深く理解し合った関係であればこそ、そこからつくり上げられた物やサービスであればこそ、人の心を打つものになると思うのです。

仕事帰りに一緒に食事をしたり、たまにお酒を飲んだり、一緒に取引先を訪問した帰りにコーヒーショップに立ち寄ったりしたときに、少し時間をかけて傾聴してみることです。

こんなやり方は効率がよくないと思われるかもしれませんが、人間関係においては「効率」という考え方は当てはまらないと考えておいたほうがいいでしょう。時間をかけて構築してきた良好な関係が一瞬で水泡に帰すときもあれば、短時間で劇的に改善されることもあるからです。

とはいえ、お互いに傾聴できる関係であれば、上司・部下の関係は確実によくなります。

会社の人間関係を傾聴によって良好なものにすることができれば、上司・部下ともに仕事を通じて幸せ感は増えていくはずです。

●人の話を聴いて、自分自身も成長していく

他人の話をきちんと受け止めるということは、自分と向き合うことでもあるのです。常に他者肯定、自己否定を繰り返していくことで、自分のいままでの価値観を変えていくことになりますから、苦しいことではあります。

パソコンでいえば、バージョンアップするようなものですね。バージョンアップとはすなわち、自分の価値観を「上書き」していくことです。「別名保存」ではなく、「上書き」ですから、もう元には戻せません。だから、上書きするのは勇気が必要です。

仕事でも、上司は自分の価値観を上書きしていく勇気を持つべきです。その場に留まるのではなく、新しい価値観を得て、新しい自分に成長していくことが必要です。それが自分自身の魅力になり、人の上に立つ者の資質を備えることにもなると考えます。

向き合った人を通して自分を見るときには、凝り固まった自分や、自分かわいさか

ら出たこだわりをそぎ落とすこと。そうして自然体になったときに、はじめて相手が鏡となって、自分が見えてきます。

●会社は「コミュニティ」をつくる場でもある

いまは多くの人が都市部で暮らすようになって、地域の文化の上に人間関係を築くということが成り立ちにくくなっています。

職場と住居が離れているし、夜遅くまで働くので、平日は地域の人と顔を合わせることがほとんどありません。休日は休日で、それぞれの家族で過ごすことが多く、やはり地域の人との触れ合いがあまりありません。

ようするに会社以外の人間関係が希薄になっているのです。男性は特にその傾向が強いのです。

休日だけでもいいから、地域のイベントに参加するなどして、地域のコミュニティに溶け込むのが理想ですが、いろいろな事情でそうもいかないという人も多いでしょう。

そうであるなら、会社での人間関係を充実させるのも一つの手です。会社が一つのコミュニティの役割を担うということです。すると、会社の人間関係が、幸せ感を大きく左右することにもなります。

そのように考えれば、部下の人生的な悩みも少し深く聴いてあげる必要があると思うのです。人を消耗品と考えないのであれば、傾聴することが必要です。

企業文化という言葉がありますが、縁あって同じ会社に就職し、同じ文化でつながっているのです。

したがって、「この上司、この部下と一緒にやっていくんだ」ということを受け入れて、深い人間関係を結ぶことを考えるべきです。

●酒席では仕事の話はしない

かつては、飲みニケーションがそうした会社の人間関係を充実させる一つの場になっていました。

最近、そうした場に若い社員が顔を出さなくなってきているのは、上司と部下の立場で話をしてしまっているからでしょう。

「もっとこうすれば結果が出る」「自分はこうやってきた、だからおまえも頑張れ」などといった話は、仕事の延長になりますから、若い社員が飲み会から足が遠のくのも無理はありません。

かつての飲みニケーションは、一番の傾聴の場でした。

そこでは、人間関係を深めようというのが主目的であって、仕事の話はあまりしなかったはずなのです。

一見、無駄話に思えるような、他愛のない話から相手の意外な一面が見えたりして、心理的な垣根が低くなっていくといったことがありました。ギスギスした人間関係をなめらかにするためのものが酒席だったはずなのです。

酒席では、仕事の話は極力しないこと。傾聴の前に上司はそこを意識して心がけることです。

飲み会で若手が仕事の話をしていたら、「おい、こら、そこ！　仕事の話なんかすんな」と笑えるようでなくてはいけません。長幼の序を慮《おもんぱか》り、礼儀をわきまえる必要はもちろんありますが、それ以外は一人の人間同士としての付き合いをすることです。

●相手を変えようとしない

「自分は相手にとっての鏡になるべきだ」と前述しましたが、裏を返せば相手は自分にとっての鏡になるということです。

自分の価値観や思い込み、筋書きを捨てること、そうした執着を解き放っていくことを、仏教の言葉で「放下着《ほうげじゃく》」といいます。

会社の仲間に対して、「こうしてほしい」「ああなってほしい」という執着を放下して、一人の人間として尊重することです。

企業活動は、突き詰めていけば、常に新しい世界を創造する作業です。世界の幸せを、その会社の立場で成し遂げようとしている活動です。そうでない企業は長続きしないでしょう。

そんな企業で上に立てる人は、自分の執着を放下できる人に違いありません。

仕事だけに限ったことではなく、妻の話、子どもの話、ご近所さんの話——周りにはあなたにもっと話を聴いてもらいたい人がいるかもしれない、ということを気にかけてください。

傾聴する力を育てていくことができれば、家庭も穏やかに、ほがらかになっていくはずです。

●家庭を円満にする傾聴のポイント

私が受ける夫婦関係の相談の中では、夫が妻の話をうまく聴けないケースが多いのです。これも夫が「解決策」を求められていると思ってプレッシャーに感じてしまうせいかもしれません。

男は職場で働いていると、何かしら問題解決を求められることが多いので、その思考方法を家庭にも持ち込んでしまうのです。

たとえば、子どもの友だち関係や進学の問題が出てきたとき、夫は仕事の問題解決のように解決方法だけを妻に伝授するというコミュニケーションをしているのです。

すると、妻は不満を抱えます。夫に改善を訴える妻ならまだいいのですが、突然、いなくなるケースもあります。

こういう場合、妻は答えを求めているわけではなく、こういう問題があるということを共有して、一緒に考えてほしい、あるいは一緒に悩んでほしいということなのです。

女性は話をすること自体が目的であることも多いようです。男性は意見をいうことや問題解決をすることに会話の目的を置くことが多いので、コミュニケーションに齟齬が生まれがちです。

だからこそ、特に夫には傾聴する姿勢が必要だと思うのです。

妻の立場も尊重し、妻の「物語」を受け入れること。そして、解決策が必要なら一緒に考えることです。

●「相手が一〇〇%悪い」という間違った考え方

ただ、夫婦のコミュニケーションは、簡単なようで難しいというのが私の実感です。

結婚生活がある程度長くなってくると、言葉の端々に感情が込められていることに気づくようになります。昔は「かわいいなあ」と思っていたことが、そう感じられなくなってくることもあります。

最後の言葉の語尾がいつもと微妙に違うということにも気づけるようになっていき、そこに感情を読み取ることができるようになっていきます。

言葉で語らずとも表情ひとつでわかることもあれば、言葉とは裏腹の感情を動作や態度から感じ取れるようにもなっていきます。

夫婦の場合、傾聴はもとより、そうした全感覚のコミュニケーションが大事なのです。

夫婦関係は、どちらかが一〇〇%悪いということはほとんどないでしょう。大概、五分五分です。夫が放蕩《ほうとう》の限りを尽くしている場合でも、妻がその原因をつくっているケースもあるからです。

そう考えれば、妻側にも傾聴の心得が必要といえます。

夫を「どうしようもない旦那」ととらえている妻もいますね。そんな妻は子どもに「お父さんみたいになっちゃダメよ」と夫を否定します。父親の血が半分流れている子どもがそんなことを聞かされたら、本能的に子どもは自分の半分を否定されたと感じます。子どもの人格形成にいい影響を与えるとは思えません。

問題は「相手が一〇〇%悪い」と考えてしまう態度です。

●夫婦の絆を強くする会話のルール

男も外で戦っていて、ストレスや矛盾する思いをたくさん抱えています。それを整理しないまま、モヤモヤと頭の片隅で考えてしまっていると、帰宅しても妻の話が頭に入ってこないものですし、仕事のモヤモヤを解消しようと居酒屋談義に花を咲かせていると、ついつい深酒になり、「もっと早く帰ってこられないの」と妻にいわれてしまいます。

そこでもやはり妻は夫の「物語」を受け入れてあげることが必要です。自分だけ話を聴いてもらいたい、というのはフェアではないでしょう。自分が話を聴いてもらうだけでなく、ときには夫の話も聴いてあげることです。

夫の言い分を、まずは口をはさまず、反論せず、話したいだけ話をさせてあげる。それが大切です。

そして、妻に共感してもらえたら、夫はどれだけ心強く思うかもしれません。そんなやりとりが夫婦の絆を強くします。

これは夫にも妻にも、ともにいえることですが、自分自身が元気でないと相手の立場に立ったものの考え方はできません。

そういうときは自分だけが忙しく、疲れていると感じてしまい、相手を思いやることができません。

相手の話を黙って聴けないときは、自分が疲れていないか点検してみてください。

●会話に「でも……」が出たら注意する

それにしても夫婦の関係というのは複雑で、外から見ただけでは実際のところはわからないものですね。この年になってもいまだにこのことを実感することがあります。

外からどんなに仲よく見えていた夫婦でも別離を選ぶことがあるのは、それだけさまざまな要素が複雑に絡み合っているからでしょう。

結婚するまでは二人の関係だけで完結できました。しかし、結婚すると、背後に親や親族、子どものことなどが絡んできます。

年齢を重ねると、更年期障害などの体調によっても、夫婦関係は変化していくことでしょう。

そうした変化にその都度、対応していかなければなりません。

それには相手をよく観察して、事を複雑にしないようにすることです。よく観察していれば、相手の調子の浮き沈みにはある一定の法則があることに気づけるようになります。

たとえば、会話をしていて「でも……」という言葉が出たら気をつける、といったことです。このキーワードが出たら要注意だとわかっていれば、うまく対処できます。

そうやってお互いを思いやっていれば、決定的な破綻《はたん》は起きないはずです。

●忍耐とは「許し合う」こと

「そんなに我慢が必要なのか」と思うかもしれませんが、そうではありません。

結婚とは忍耐です。恋愛が愛に変わり、愛は忍耐に変わっていくのが結婚です。

ただし、忍耐とは我慢することではありません。我慢するのは力を必要とするし、疲れるものです。

忍耐とは裏を返せば、「許し合う」ということなのです。

結婚すると、好むと好まざるとにかかわらず、背中にたくさんの荷物を背負うことになります。その荷物は突然覆い被さることが多いのです。

これに誠実に対応していると、恋とか愛とかいったものを軽く超えた絆が夫婦に芽生えてきます。

そんな絆ができれば、多少のことなど許し合えるようになるのです。

その先には、そういうものすべてを超越した「信頼」が生まれます。

そこまで行ってしまえば、多少の出来事は乗り越えられるでしょう。

恋愛↓愛情↓結婚↓忍耐↓許し合い↓信頼、です。

●子どもの話に「あとでね」はNG

また、子どもの話もしっかり聴くのが、家庭を円満に、ほがらかにするための基本です。

大事なのは、子どもが話したいタイミングで聴いているか、という点です。

親は忙しいと、ついつい子どもが話したがっていても「あとでね」といってしまいます。

でも、子どもはそういわれると、「あと」が必ずあると思っています。「あとでね」といったら、必ず子どもが話す時間をつくってあげなくてはいけません。

「私は働いているから、帰ってきたら子どもの相手もちゃんとしている」という親は多いのですが、それは親の都合の中でのことであって、子どもが話したいときにちゃんと話を聴いているかというと、どうもそうなってはいない状況です。

もちろん、すべて子どもの都合に合わせることは不可能ですが、子どもにも気分の波があって、話すタイミングを子どもなりにはかっていると思うのです。

それに、子どものほうが親に気を使って、「いまは話していいかな？　どうかな？」と顔色をうかがっているケースも多く見受けられます。

子どもに気を使わせるのではなく、親のほうから子どもの気分の波を感じ取って、話ができるようにもっていくことが必要でしょう。

子どもには学校のこと、勉強のこと、部活のこと、友だちのことなど、話したいことがたくさんあります。

話を聴いてくれたら、子どもは、何はともあれ、親は自分の味方でいてくれると思うに違いありません。

そうした家庭での安心感があってこそ、勉強や部活を頑張る気持ちが育ちます。

教育を学校や先生任せにしないで、親も教育に参加することが必要です。学校の環境だとか、部活で頑張っていることだとか、新しくできた友だちのことだとか、そういったものに強い関心を持った上で子どもの話を聴きましょう。ただ「勉強さえしていればいいい」というのは教育ではありません。

●あせって「結果」を求めない

目に見える「結果」を求められるのが現代です。

しかし、「傾聴」は、結果を求めるような行為ではありません。傾聴を通して二人の関係性がよくなれば、それでよしとするものだと考えます。

相手の悩み事を聴いたときは、「解決策」を示してあげたいと思うのはよくわかります。

しかし、何かアドバイスをして、実際にそれで相手の悩み事が完全に解決することなど、ごくまれです。

「カフェ・デ・モンク」でも、「結果」といったものを意識することはありません。そんなことはどうでもいいとさえ私は思っています。

北海道えりも町の仲間が、行政などと協力して、精神障害を持った方々の居場所として「えりもカフェ・デ・モンク」を運営しております。

最初はさまざまなイベントを企画して、その時間を過ごそうと考えたのですが、うまくいきませんでした。

そこで、「居心地のいい場」づくりだけを心がけていたら、参加者が自発的にさまざまなことを考え出し、とてもいい時間を過ごしているとのことでした。

どうしても人は「結果」を求めがちです。

しかし、傾聴で相手の人生に寄り添うとき、「結果」など必要ないのです。

結果を求めると、それはある瞬間を切り取ってその成否を判断することになります。

そこが問題です。

●「この人と一緒に悩もう」と腹をくくる

たとえば、私が被災地の方の話を聴いて、「和尚さん、ありがとう。これで生きていく希望が見えてきました！」といわれたとします。

その瞬間だけを切り取れば、それはたしかに好ましい結果を得られた、といえるでしょう。

しかし、その人がその後の人生を必ずしも順風満帆で生きていけるとは限りません。

被災地の方の話を傾聴し、「ああ、この人の人生は前に進んでいくな」と思った人でも、半年後に電話がかかってきて、「亡くした子どもが夢に出てきてつらい」と苦しい心情を吐露してくることもあります。

こうした一進一退ははてしなく続きます。

「三歩進んで二歩下がる」がごとくです。

だから私は傾聴の場で、何かの「結果」を期待しません。期待するということは、自分が上から下の者に向かって教え諭す役割になってしまっているということです。

私も当然、迷い、悩むときがあります。

だから自分も苦しいけれど、「この人と一緒に悩むか！」と腹をくって寄り添っていく——。

それが大切だと思うのです。

●私が悩む息子に伝えたこと

もちろん、「カフェ・デ・モンク」に来て話をしてくれた人が、その後どうなったかは、とても気になるところです。

でも気にしたところでどうなるわけではありません。あとはもう「祈り」しかありません。

「あの人の人生は少し前進した。いまの苦しみ、悲しみを聴かせてもらった。この先、あの人の人生にたくさんのいい出会いがあって、穏やかな気持ちで暮らせるような日々が続きますように」という祈りです。

その人に出会わせてもらったこと、かかわらせていただいたこと、そのこと自体に感謝し、そして行く末を祈るのです。

私たちの、いまここにある命は、過去からずっとつながってきた命です。それだけで本当に大変な出来事なのです。宇宙に生命が生まれてから、たくさんの命が一度も途切れることなくつながってきた命なのです。そのような命をいただいて自分も相手もここにいる——。

このことにこそ意味があるのです。

私の長男は、大学を出たあと、東北大学の養成講座を受講し、臨床宗教師となり、現在、東北大学病院の「緩和ケア病棟」でその務めを果たしています。

緩和ケア病棟には、ガンなどによる病気の苦痛を和らげながら過ごしている患者さんがたくさんいます。すでに快復の見込みがなかったり、意思疎通ができなかったりする患者さんもいます。

そんな患者さんに接している息子が、あるとき、「ぼくがそこにいても何かをすることはもうできない。ぼくがいることに意味があるのかな」とポツリとつぶやいたことがありました。

私の想いを伝えました。

「それは君が、何か自分にとって納得する〝結果〟を期待しているということなのではないかな。それは自分中心にこの出会いを受け止めていることじゃないか。それより、そこに君がいることに意味があると思うよ。その患者さんの人生と少しだけでもかかわりを持つことができた、そのことに意味はある。大きな命の流れの中でその人と出会ったんだ。逃げることなくその場に居続けなさい」

私たちの傾聴活動もそうなのです。傾聴して、相手の人生に少し寄り添ったとしてもまた離れていきます。それでいいのです。離れてもまた寄り添う機会がやってくるかもしれません。そういうものなのです。

いずれにせよ、傾聴で相手の人生に寄り添うとき、何か「結果」を求めるのは、傲慢なことなのです。

●結局、人の悩みが行き着くところ

人の悩みというのは、突き詰めていくと、「なぜ人は生きなければならないのか」

に行き着きます。

でも、意味なんかわかりません。

意味はわからないけれど、それでも生きていたい。

それでいいと思います。

あとのことはもう大自然の命の法則にお任せしてしまうことです。

古い歌で恐縮ですが、青島幸男が作詞して、植木等が歌った『だまって俺について来い』という曲があります。「♪ぜにのないやつぁ　俺んとこへこい　俺もないけど心配すんな」とあります。そのあとに、「♪みろよ　青い空　白い雲　そのうちなんとかなるだろう」と続きます。

これこそ大自然に身を委ねる生き方ですね。

そのうちなんとかなるだろうというのは、一見、いいかげんな言い方かもしれません。根拠がないのですから。

でも、根拠など必要ない。人生、先のことは誰もわからないんだから。そういう意味が込められているのだと思います。

●みんな肩を寄せ合って生きている

生きていく上で、「根拠」や「結果」にとらわれてしまうと、かえって人生が苦しくなってきます。ややこしくなってきます。根拠がないと不安が生まれ、結果が出ないと不満が生まれます。

でも、根拠なんてどこまで行っても見つからないし、結果なんてどうなるかわかりません。

そういう根拠のない、結果がどうなるかわからない世界を私たちは肩を寄せ合って生きているんだという、そういう認識を持たない限り、人生の苦しみからは抜け出せないでしょう。

繰り返しますが、「傾聴」は何か結果を求めてやるものではない、ということです。「目の前のこの人といい関係を結びたい」という思いがあれば、それでいいのです。

そこにお互いの慈悲の心があれば、必ずや心と心が通じ合い、美しい花が咲くかもしれません。しかし、それは結果としてそうなるのであって、それを目指してするものではない、ということです。

●傾聴は能に通ず!?

「傾聴」は、能に通じるものがあると私は思っています。

たとえば、能の演目に『井筒《いづつ》』があります。

ある秋の日、諸国を旅する僧が、初瀬参りの途中に在原業平《ありわらのなりひら》建立と伝えられる大和の国の在原寺に立ち寄り、一夜の宿を借ります。そこへ幽霊が現れます。幽霊は自分の悲しい物語を旅の僧に語って聴かせます。旅の僧はそれを夢うつつで聴きます。最後は「おん弔いの有り難さ」といって、「南無阿弥陀仏、南無阿弥陀仏……」とお経を唱え、その悲しい物語に対して弥陀の称号を唱えます。すると、スーッとその幽霊は消え、気がつくと朝になっていた――というような話です。

この場合、「シテ」という主役にあたるのが幽霊、「ワキ」という脇役にあたるのが旅の僧となります。

この話では、「話を受け入れる素養」「悲しみを引き寄せる佇まい」を持っている旅の僧だからこそ、幽霊は出てきて心を開き、自分の悲しい物語を語ることができたのです。

考えてみれば、私たちが被災地で行なっている傾聴活動は、この旅の僧の役割のようなものだと思います。

つまり、「和尚さんだったら話を聴いてくれる」「宗教者だったら話を聴いてくれる」「この人だったら心が開ける」という背景があったからこそ話してくれるのだと思います。

そして悲しみを持った人がスーッと引き寄せられてくるのです。

●傾聴では、あくまでも相手が主役

あるときこんなことがありました。

とある仮設住宅の集会場で「カフェ・デ・モンク」を開くと、二人の女性がやってきました。一人は、うつむいていて、生気のない顔をしていました。もう一人の女性が「ほらほら、入ってございん、入ってございん」とうながしています。ただならぬ様子だったので、私がその生気のない顔をしていた女性を前に座らせて、手を差し伸べて、「つらかったのでしょう」と一声かけたとたんに、ワッと泣き出してしまいました。

すると次の瞬間、彼女を連れてきた女性たちが、顔を見合わせて笑ったのです。私が驚いていると、「ほら、よがったべ。泣げたでしょ」といったのです。

聞けば、この女性は、仮設住宅の四畳半の部屋で、笑うことはもちろん、泣くこともなく、いつも一人でじっとしていたといいます。「あなた、そんなことではダメだから、出てきて和尚さんに話を聴いてもらわないかい」といって、近所の人が連れてきたのです。

「泣くこともできない」――この状況がとても深刻だと気づいて、泣くことが心の解放につながる、和尚さんの前なら泣けるのではないか、と考えたのでしょう。

私たちの先輩たちが積み上げてきた、宗教者に対する信頼感がそうさせたのだと思います。日本人の心の中には、僧侶というものに対する、どこかノスタルジックで安心できる感情があるのでしょうね。

そして、泣いている彼女を見て、彼女を連れてきたご近所の人が「よかったね、泣けたじゃない」といったのです。なんとすばらしい「近所力」だと私は感心しました。

聴き手は、能でいうところの脇役になることです。

主役である話し手を引き寄せる人に、あなたもぜひなってほしいと思います。

●「方言」という重要なファクター

ところで、「傾聴する力」を高める上で、「方言」は重要な要素となります。なぜなら、人の感情というのは、やはりその人が普段話している言葉を通じてこそ出てくるものだからです。

震災の経験をお話ししてほしいと東京でのシンポジウムに呼ばれることがたまにあります。大学の講堂でお話をさせてもらうときなど、すごくやりにくさを感じます。まったくの東北弁で話したら、相当な部分が通じなくなってしまうでしょう。だから、自分の頭の中で標準語に変換してから話しています。すると、自分のいいたいことが半分くらいしか伝わっていないという感覚になります。

その土地の人が話す独特な言葉、リズム感。喜びの表現にしても、悲しみの表現にしても、単に標準語に変換できるものではありません。

東京から東北に移住してきたある内科の医師が、「三年たって、やっとこの土地の痛みを表現する言葉がわかってきました」といっていました。また、震災後に、心のケアチームで被災地に入った精神科医が、言葉がまったくわからない、と困っていたことを思い出します。

単に標準語に置き換えて頭の中で理解するのではなく、「皮膚感覚」として相手が伝えたがっていることを理解できるようになるのに三年もの期間が必要だったというのです。

単なる「痛み」にもたくさんの表現やニュアンスがあり、またそれぞれに固有の「物語」があります。医者というのは、ただなんの病気かを診るだけでなく、その人の背後にある暮らしの隅々までイメージして診療しなければならないと、私は思うのです。

心療内科では、患者の仕事や家族のこと、生活環境のことなどすべてをふくめた中に病気の原因を求めていきますが、ほかの診療科でも同じようにすべきではないでしょうか。

●「同じ地域、同じ文化」というのも重要

震災後、私たちが「カフェ・デ・モンク」で行ったところは、同一文化圏の地域だったので比較的うまくやれたのだと思います。

結局、言葉もふくめてその土地の文化・精神風土の中に、その土地の人々の「レジリエンス」（自己再生能力）をうながすものがあるからです。

たとえば祭りや風習にしても、地域の文化は、その地域独特の季節の移り変わりや自然の営みを表現しています。何か苦しいこと、悲しいことがあったとき、人は自分が生まれ育った地域の文化に癒され、また新しいステップを踏んでいけるのだと私は思っています。

たとえば、こういうことがありました。

石巻市役所の北上支所で、ある女性職員が津波で亡くなりました。逃げ場をなくし、最後はみんなで手をつないで津波に耐えようとしました。手がつながっていた人は助かったのですが、手が離れてしまったその女性職員は流されて亡くなってしまったの

です。助かった人は流されていく様子を目の当たりにしました。

私は、その亡くなった女性職員の母親がいる避難所に行ったとき、娘さんのお位牌を拝ませてもらいました。母親のすすり泣く声が、いまでも耳に残っています。父親は漁師で、うまく避難していて助かっていました。

その父親は、十三浜というところで伝統芸能のお神楽《かぐら》を守っている人でもありました。震災後、お神楽を復活させたいという思いを持ち続け、三年後にたくさんの人の協力を得てなんとか復活させることができました。

復活した日、その父親が私にいいました。

「和尚さん。俺はこれまで泣かなかった。でもね、最初のダダーンという太鼓の音を聴いたときは涙が出てきたよ」

それまで「自分がしっかりしなくては」と、抑えていた涙が抑え切れなくなったのでしょう。涙を流すことは、心の解放につながります。心が解放されたら、人は前に進めるのです。

この太鼓の音とリズムは、私も子どものときから聴いてきた音です。

だから、私もこの音を聴いて気持ちが高揚するし、この父親の気持ちも痛いくらい伝わってくるのです。

同じ地域、同じ文化でつながっているということはとても大切です。そこで生まれ育った人たちが、お互いにケアし合うということがすごく重要なことなのです。なぜなら、その地域、その文化に合った、独特の「心のケア」の方法があるからです。

4章

傾聴とは、他人との「境界線」をなくすこと

●「聴ける人」になるための普段の心がけ

傾聴の心得として、私は「世の中で起こっているあらゆる事象を知っていること」を挙げています。

北極の氷のことから、南極のペンギンのことまで関心を持っていることが必要です。なぜなら、世の中のすべてのことはつながって連動しているからです。特に昨今はグローバル化が進み、世界で起こった些細なことまで生活に影響します。

あらゆる事象を知ろうとする姿勢があるかどうかが大切です。

しかし、いまはそういうことを意識している人はどれだけいるでしょうか。昔は紙の新聞をみんなよく読んでいて、自分が関心のない事柄でも見出しくらいは読んだものです。

しかし、いまは新聞もインターネット上で読む人が多くなって、自分が関心のある見出ししかクリックして読みません。

そもそもインターネットで検索するときには、自分の関心事しか入力しないわけですから、それ以外のことが目や耳に入ってきにくくなっているのです。

そうして自分の小さなフレームだけを通して世の中を見ていると、フレームから外れたことについては、何も知らないということになってしまうのです。

自分の興味や関心のあることについては非常に詳しいのですが、視野が狭いのです。

●世の中のたくさんのことを知る

パソコンにたとえれば、フォルダを開けてみると、容量の重いデータは入っているのですが、フォルダの数自体が少ないという感じですね。

私は若い僧侶に対して、「フォルダをたくさんつくっておけよ、いろんなことを経験しておけよ」といっています。講演を聴いたり、本を読んだりするだけが勉強ではありません。場末のスナックのヒソヒソ話にもすごい真実が転がっているものです。さまざまな人のいろいろな人生について知り、それをフォルダにしまっておくことです。

そうすれば、誰かの話を聴いたとき、「あ、この話はあのフォルダだな」と、そこを開いて参照することができます。

世界経済の動向から、地方の風習まで、たくさんのことを知っていることこそが、人を引きつける魅力が備わった人間ということだと思うのです。

僧侶の世界でも「あいつはへんなことやっているな」という人ほど、人を引きつける魅力を持っていることがあるものです。煩悩で苦しんでいる人にとっては、煩悩の底の底まで付き合うくらいの迫力ある姿に引きつけられるのです。

ともかく、人生に対するスタンスとして、いろいろな事柄に興味を持とうということです。

聴く力というのは、そういうスタンスに支えられて成り立っているといっても過言ではありません。

●お年寄りの話を聴くときの心得

年配者は、同じ話を繰り返すことが多いです。そうなると、聴く側にとってはけっこう苦しかったりします。

しかし、そういうときでも私は、「その話は、前に聴いたよ」なんてことは絶対にいいません。

人にはそれぞれ話をするときのリズムがあります。年配者には年配者なりのリズムがあって、何回も同じ話を繰り返すのは、その人の話し方のリズムです。

特に高齢者の場合は、記憶力が衰えてきていますから、誰に何を話したかを覚えていられません。二度目、三度目でも同じ道を通らないとその先には行けないのが、その人の話し方なのです。いつもの道を踏みしめるように話を進めてはじめて頭の中が整理されるわけです。

人の話は映画や落語のように必ずオチがあるわけではありません。オチを求めてしまうのは、聴く側がすっきりしたいという欲求の表れであり、聴く側の問題です。だから、傾聴においては、聴く側は「結局、何がいいたいの？」と思わず、話にオチがあろうとなかろうと、どっちでもかまわないというような淡々とした態度でいないと、右往左往してしまい、逆に疲れてしまうと思います。

もちろん、あまりにも何度も聴いた話をされると、ときにはやれやれと思うこともありますが、そこは忍耐が必要です。

そして、「どうしてこの人はこの話ばかりするのかな」とよく想像してみることも必要です。

何度も同じ話をするのは、ただ単に記憶力が衰えていることのほかに、その話がその人にとって重要な意味があるからかもしれないのです。

頭に浮かんだことが言葉として出てくるのですから、そこになんらかの意味があるはずなのです。

●「頑張って」といっていいとき

被災地の方々と会話をするとき、軽々しく「頑張ってね」という一言を発すると命取りになることがあります。

彼ら、彼女らが受けた被害や、それによる苦しみ、悲しみというのは、頑張れば必ず乗り越えられるとか、そういう次元のことではないからです。

だから、被災地の方々の話を聴くときは、できるだけリラックスするようにはしているのですが、完全に力を抜いているわけではありません。完全にリラックスしてしまうと、軽々しい一言を発してしまう危険性があるからです。

セオリーとして、たとえば、うつ病の人や、うつ状態の人に対する「頑張って」は禁句だといわれています。これはマニュアルではそうだというだけで、私は必ずしもそうではないと思っています。

たしかに、心の病の人は「頑張ってね」といわれると、「なんて心ない言葉だろう、これ以上どう頑張れというのか」と思うときがあります。簡単な一言で突き放されたように感じるからでしょう。

「頑張って」は、「あなたしだいですよ」という言い方です。「こっちは知らないよ。あなたが一人でなんとかして」と聞こえるときがあります。「頑張って」という言葉の下に、大きな「慈悲の塊」がなければ、そう感じてもしかたありません。

でも逆に、「頑張って」といわれて救われた、というときだってあるはずです。会話というのは、瞬間、瞬間に言葉が現れては消えていくものですから、二人の間でしかわからないような、心と心が通じたときの「頑張って」には、人の心を救う力があると私は考えています。

もし「頑張って」という言葉がダメなら、また別の言葉を使うとか、ボキャブラリーをいっぱい持っておくといいでしょう。

●「頑張って」より「頑張ろう」

たとえば「頑張って」より、「頑張ろう」のほうがいいかもしれません。「頑張ろう」は、ともに歩んでいこうという言い方です。「ともに頑張る」という気持ちが相手に伝わるのであれば、それでいいと思います。

「頑張っているね」と、その人の努力を認めてあげる言い方もいいでしょう。そして、私ならそのあとで、「でも、一人だけで頑張ってもしょうがない話だからな。私も一緒に、がんばっぺ」くらいのことをいうでしょう。

「私はあなたと一緒にいますよ」という大きな慈悲の心があった上で「頑張ろう」というのであれば、それは相手をすごくほっとさせる言葉、元気づける言葉になるはずです。

私も「カフェ・デ・モンク」で、相手に「頑張れ」「頑張ろう」「元気を出してね」といったことは何度もあります。ほかにもいろいろな言い方で相手をはげますことができます。そうしたボキャブラリーは普段から蓄えておきたいものです。

でも、言葉が大事なのではなく、あくまでも言葉の裏にある心が大事なのです。

●傾聴活動の「最終段階」

傾聴活動の最終段階で、相手に自立をうながすときには、「大丈夫」という言葉を意識して使うことがあります。

とはいっても、たしかな根拠があってそういっているわけではなく、それは「願い」というべきかもしれません。

大丈夫、ちゃんとあなたは生きていける、いろいろな人があなたをきちんと支えてくれる、だから恐れずに生きていってください、という願いです。

仏教に「施無畏《せむい》」という言葉があります。

「施無畏」とは、「『畏れること無し』ということを『施す』」という意味です。ようするに「畏れなくていいぞ」ということを伝える、安心感を与える、ということです。

これが傾聴活動の最後の段階です。相手の話すことをよく聴いて伴走し、相手が自分一人でも前に進める力がついたときに、「恐がらなくても大丈夫、あなたはあなたでちゃんと前に進んでいけるからね」という最後の一押しをする――それが「施無畏」です。

●「大丈夫だよ」といっていいとき

以前、心の病気で苦しんでいる六〇代後半の女性が、私に電話をかけてきました。両親は亡くなり、犬二匹と暮らしていましたが、二匹とも死んでしまって、いまは独り暮らしだということでした。

最初のうちは週に三回くらいかかってきていました。電話で一時間くらいずっと話し続けるのです。薬も飲んでいるらしく、話はまとまりがなく、とにかく苦しんでいるようでした。叱ってほしいというので、「しっかりしろ、〇〇！」というふうに名前を呼んで叱ってやりました。

そんな関係が二年ほど続いたころ、声にいくらか張りが出てきて、どんよりと暗い雰囲気はなくなっていきました。話す内容も整理されてきて、支離滅裂ではなくなってきました。

ここまできたら、もうこの人は一人でやっていけると感じて、それからはしばらく、電話で話すたびに、最後に「大丈夫、大丈夫！」といってやり、相手の女性が「ありがとうございました」と応えて電話を切ることが続きました。

「とにかく話を聴いてほしいんだな」ではなく、「何かはげましてほしいんだな」と感じられたときには、「大丈夫」といっていいと思います。

心の停滞から抜け出して、再び歩き出す勇気を出させるために背中をポンと押してあげるのです。

●こんなときは「前向きな達観」が必要

でも、この条件が整わないうちに「大丈夫」といっても相手には響きません。「この人は一人でやっていけるだろう」という実感がないまま「大丈夫」といってしまうのは無責任です。

それはその場からの逃げにほかなりません。

「大丈夫」がいえるまでには長い時間がかかります。その女性とは二年もそういうふうにして付き合ってきたからこそいえたのです。私としても自信を持って「大丈夫」ということができました。

「カフェ・デ・モンク」では、傾聴を続けているうちに「この人は一人でやっていけるだろう」と思えた人に対しては、「大丈夫地蔵」という布でつくった小さなお地蔵様を渡していました。

このお地蔵様をつくってくれたのは千葉のボランティア団体の人たちで、いまも送り続けてくれています。お地蔵様の中を開けると「大丈夫」とお札に書いてあるのです。

私は被災地の方々に最後に「大丈夫」という言葉がいいたくて懸命に活動していましたから、私にもぴったりのお地蔵様でした。この「大丈夫地蔵」で私はずいぶん助かりました。

「言葉」だけではなく、何か「形」のあるものが、ときには必要です。「これは千葉のボランティア団体の人たちが心を込めてつくってくれたもので、たくさんの人たちがあなたのことを思っているんですよ」ということを伝えて一つひとつ渡しています。

「大丈夫」は、不思議と安心感のある言葉です。心がふっと軽くなる「おまじない」のような響きがあります。

「やるだけ、やった。あとは、なんとかなる。なるようになる」といった、いわば前向きな諦観、前に進むための達観です。混沌から抜け出すときには、そういう達観が必要です。

●自分と他人との「境界線」をなくしていく

「頑張って」「大丈夫！」といえるのは、相手との「境界線」がなくなったときです。

これらの言葉がときに無責任に聞こえてしまうのは、相手との間に境界線があって、こっちの世界とあっちの世界が分離されているからでしょう。

しかし、向き合ってとことん相手のいうことを聴き、話し合い、互いにわかり合ったときにはもうその境界線はなくなって、「頑張って」や「大丈夫！」は、荷物をともに背負っているので無責任に聴こえなくなるのです。

自分と相手との境界線をなくすには、大きな視点、広い視点で自分と相手がつながっている感覚を持つ必要があると思います。

東日本大震災は、限られた地域で起こった出来事なのですが、それは日本全体、世界全体、果ては宇宙とつながっている出来事だ、というくらい大きな視点、広い視野が必要でした。

そうでなければ、ただ悲惨な出来事が起きた、生き残った、よかった、死んでしまった、悲しい、という現象だけを見ることになり、どうにもやりきれなくなってしまうからです。宇宙の果てから眺めているような、ある種の達観のようなものがなければ、この震災に向き合うことができませんでした。

●私が一生忘れられない風景

もちろん、被災によって家族や近しい人を亡くした方々の悲しみや苦しみの一つひとつに共感することは必要です。

でも、その一方で、地震も津波も、人の生き死にさえも、すべて大いなる宇宙の活動の一つという視点を持つことも必要だということです。

そういう視点を持っておかないと、「カフェ・デ・モンク」のような傾聴活動はできないと思うのです。

考えてみれば、「宇宙からの視点」というものを私自身が得られたのは、あの震災の起こった日の夜ではないかと思います。

あのときの光景を私は一生忘れることはないでしょう。いまでもあのときの感覚を想い続けています

二〇一一年三月一一日、地震と津波が起こったあと、まるで被災地に追い打ちをかけるように冷たい雪が降りはじめました。雪は空気中の塵を洗い流し、降りやんだときには夜空に満天の星が浮かび上がりました。停電によって町の灯が消えていました。その漆黒の闇夜を星が埋め尽くしました。地平線まで星が見えたのです。

こんな夜空を見たことはありませんでした。まるで宇宙に包み込まれたような心境になったのを覚えています。

そして宇宙の生命のことをい想いました。このとき、宇宙と、自分と、大震災という出来事が一つの物語のようにつながって、私を「傾聴活動」へと突き動かす原動力になったと思うのです。

星空を眺めながら、なぜかふと東北が生んだ偉大な文学者、宮澤賢治の作品のいくつかが頭をよぎりました。

彼の作品は地上からはじまり、そして最後ははるか宇宙の彼方からの視点に移動します。

そして、その視点から人間の営みを描写するのです。

この視点が大切だと思うようになったのは、傾聴活動をはじめて、二年くらいたってからのことでした。

●「他人に迷惑をかけない病」

さて、最近ではいろいろな「現代病」がありますが、その一つとして、「他人に迷惑をかけない病」が蔓延しています。

人に話をして、溜め込んでいるものを吐き出すことができる人はまだいいのです。

「相手に迷惑をかけるから……」と、それができない人はとてもつらい思いをします。

「カフェ・デ・モンク」でも、ワッと泣いたりする人のほうが、早く立ち直っていきます。なかなか立ち直れないのは、ポツンと一人で佇《たたず》んでいるような人です。
そういう人がいたら、私から声をかけます。すると、ようやく少しずつ心の中にある苦しみや悲しみを吐露します。

避難所や仮設住宅では、肉親を亡くした、大切な人を亡くしたというだけでなく、今後の自分の身の振り方で悩んでいる人もいます。

たとえば、伴侶を亡くして一人になったので、都会の息子夫婦のところに身を寄せてはみたけれど、お嫁さんとソリが合わなくてまた戻ってきた、これからどうすればいいのか……といったようなことです。

●みんな迷惑をかけて生きているのだから

年齢を重ねてからガラッと生活が変わったり、新たな人間関係をつくらなければならなかったりするのは、とてもしんどいことです。

ある独り暮らしの年配の女性の話で、息子が東京に住んでいて、来ないかといってくれた。もうこの年だから無理だよといったら、息子がそれならと世話をしに通ってくれるようになった。ところが、一年たったころ、息子が脳溢血で倒れて、意識不明になって、東京の病院に入院してしまった。

彼女は、「和尚さん、わたし、どうしたらいい？」といいます。

彼女には妹さんがすぐ近くに住んでいるのですが、その妹も震災の被害に遭ってさまざまな問題を抱えているので、自分の窮状を訴えることはできないようでした。

「でもね、それは妹さんに正直に話すしかないと思うよ」と伝え、その日は別れました。

すると、次に行ったときにその後の様子を聞いたところ、彼女は妹さんに正直に話をしたらしく、そうしたら、「なんでそんなのいままで黙ってたの！」と、妹さんに怒られてしまったようでした。それからは妹さんがいろいろと世話をしてくれることになり、精神的にもすごくラクになった、ということでした。

そのあと、彼女から電話がありました。彼女にはもう一人、息子が東京にいて、その息子が一緒に住もうといってくれた、というのです。「私もわがままをいっていられないし、行くことにしました。本当にありがとうございました」といって仮設住宅を出ていきました。

人は一人では生きていけません。私たちは誰もが誰かに頼って生きていかざるを得ないのです。みんなその根本原理をよく理解し、もっとラクに、上手に甘えながら生きていけばいいと思います。

●「伴走はするけど、背負わない」という傾聴のコツ

盲目のランナーと一緒に走る伴走者は、お互いに綱の端を握って一緒に走ります。伴走者は盲目のランナーより前に行ってもいけないし、後ろでもいけない。くっつきすぎてもいけないし、離れすぎてもいけない。二人の間に適度な距離を取って、同じペースで走る必要があります。

傾聴もこれと同じです。

私は「カフェ・デ・モンク」をはじめる以前から自死関係の電話相談をしていました。そこである程度の傾聴活動の準備ができていたので、すぐに「カフェ・デ・モンク」をスタートさせることができたという面もあります。

電話相談は、話が長くなりがちです。長いときで四、五時間になったこともありま

す。電話が熱くなり、耳が真っ赤になるくらいです。

私も寺の仕事があるので、いつも長時間、話を聴けるわけではありませんが、最低でも一時間は話を聴いていました。

深く悩んでいる人は、何度も電話をかけてきます。週に何度もかけてきたりします。私も自分が対応できる範囲で話を聴くようにしていますが、毎回毎回、電話に出られるわけではないことは伝えますし、もう一つ、相手の話の中に自傷行為、他傷行為につながるような兆候が少しでも見られた場合は迷わず関係機関や団体に連絡をして情報共有をするようにしました。

なぜなら、私にもできる範囲が限られているからです。盲目のランナーと一緒に走る伴走者は、自分のできる範囲の中でしか伴走できません。

いくら一緒に走りたいと思っても、もし、盲目ランナーのほうが走るスピードが速ければ、ついていけないからです。

●自分が「できる範囲」を明確にしておく

傾聴においても、自分の「できる範囲」を明確にしておくことが大切です。

「ここまではかかわれる」

「これ以上はかかわれない」

そういう線引きをしておかなければなりません。そうしないと、かえって問題解決ができなくなる場合があります。

心が弱っている人は、話を聴いてくれる人にどうしても頼りがちです。それがクセになると、依存症になります。

すると、依存されるほうの人の心が弱ってきてしまうのです。そうならないように、うまく距離を取ることが必要です。

限界を超えてかかわろうとする自分に気づいたら、「自分こそが相手に依存しているのではないか」と考えてみることです。

「相手のため」と相談を受けているうちに、自分のほうが相手に依存しはじめてしまう、というケースは、じつは多くあるのです。

そうして「共依存」の関係になると、お互いにもたれ合っているわけですから、双方がダメになっていきます。

繰り返しますが、だから傾聴においては、自分の「できる範囲」を明確にしておくことが大切なのです。

5章

傾聴とは、「自分」をもっとよく知ること

●自分の「思考のクセ」を知ることの大切さ

人間には「思考のクセ」というものがあります。

思考のクセは、これまで自分が経験したことによってつくられています。

傾聴においては、自分の思考のクセを客観視することが求められます。「自分の考え方」をよく知っていなければ、相手が考えていることをよく知ることはできませんし、会話中に、相手に不用意な一言を発して傷つけたり、自分の思う方向へ話を誘導したりしてしまいます。

自分の思考のクセを客観視するには、自分のこれまでの人生を振り返ってみることです。

私たちの傾聴喫茶――「カフェ・デ・モンク」での活動に興味を持ってくれたNHKのプロデューサーが、私たちの傾聴活動を取材し、「東北発未来塾」というドキュメント番組にしてくれました。

内容は、「カフェ・デ・モンク」の活動に大学生の男女二人ずつが参加し、傾聴を学ぶというものです。

そのとき、大学生のみなさんにそれまでの人生の経歴をできるだけ詳しく書き出してもらい、それを傾聴活動に役立てるように伝えました。

傾聴活動では、自分の思考のクセを客観視できるようになっていなければならないからです。

「自分はこんな話を聞いたら、それをこのような感じで受け取る」

それがわかっていることが大切なのです。

●不用意な一言を発してしまわないために

繰り返しますが、自分の思考のクセを知っていないと、会話中に、相手に不用意な一言を発して傷つけたり、自分の思う方向へ話を誘導したりしてしまいます。

人間は、言葉ひとつとっても、それぞれ受け取り方が違います。

たとえば、自分が学びたいことが明確にあって大学に通っている学生と、親がうるさくいうから大学に通っているけれど勉強が嫌でしかたがないという学生では、「教科書」という言葉に対するイメージがまったく違ってきます。

前者だったら面白い、楽しい、とイメージするかもしれませんが、後者だったらつまらない、退屈だというイメージを持つかもしれません。

自分のこれまでのライフストーリーを振り返って、「だから自分はこういうふうに考える、こんな思考のクセがある」と認識することが必要なのです。

学生には、生まれてから大学生になったいままで、たとえば、クラスでどんな存在だったか、どんなクラブ活動をしてきたか、強く印象に残っている出来事にはどんなものがあるかなどをできるだけ詳しく書き出してもらうことにしました。

また、家族との関係や友人・知人との関係、あるいは自分が好きなもの・嫌いなものなどをよく思い起こして書き出すことによって、自分の思考のクセをあぶり出していくのです。

●自分の会話を一度録音してみる

とはいえ、そうしたからといって、自分の思考のクセを完璧に客観視するのは簡単なことではありません。自分のライフストーリーを振り返る訓練を何回も重ねていかなくてはいけません。

自分を客観視するのは難しいことです。社会人であれば、仕事上での思考のクセというものがあります。長年その仕事をすればするほど、そうしたクセが強く身についてしまうのです。

もちろん、それらの思考のクセがあるからダメだというわけではありません。そのクセがあるからこそ、その仕事を合理的、効率的に進めることができるという側面もあります。

ようするに、「自分にはこういう思考のクセがある」ということを自分で認識していることが大切なのです。

「傾聴力」を高め、自分の思考のクセを知るには、会話を記録してみることが有効です。

グリーフケアやスピリチュアルケアの専門訓練では、会話記録を基に、仲間同士が検討し合い、お互いの傾聴能力を高めるということを継続的に続けます。第三者としての見方を学ぶことが、自分の思考のクセを客観視することにつながります。それは自分の能力を高めると同時に、傾聴の相手を守るということにつながるのです。

●こんなときは、話をいったん打ち切る

自分の「思考のクセ」を客観視できていれば、「聴き方」が違ってきます。たとえば、相手が理不尽なことを訴えてきた場合も、感情的に反応してしまうことなく、「なぜ、この人はこんな理不尽なことをいうのかな、何か理由があるのかな」と冷静に対処することができます。

理不尽な話の中にも、なんらかのストーリーがあるのです。その理不尽な話の奥の奥にまで到達できるかが重要です。

ときには、奥の奥にあるストーリーを探ろうとして一緒に迷路に迷い込んでしまうこともあります。

そのときは、あまり奥深くに行きすぎる前に話をいったん打ち切ることが大切です。話の出口がまったくわからないまま迷路の奥まで一緒についていかないことは、聴く側の心の安定を保つために必要なことなのです。だから、なんでもかんでもわかっ

たような顔をしていつまでも付き合っていてはいけません。どこかで話を切り上げなければいけないタイミングがあります。

話の途中で立ち去ることは悲しいことではあります。

慈悲の「慈」は、相手を我がことのように考える慈しみの心です。だからといってどこまでも迷路に付き合っていては、いずれ「悲」しみに到達してしまうのです。

そのことに注意しながら相手に向き合っていくのが、「カフェ・デ・モンク」での私のスタイルです。

●話す力を聴く力に転化する法

「話す」のと「聴く」のは表・裏の関係にあります。おそらく話す力と聴く力は、円を描きながらより深い人間関係を築いていくのだと思います。

話すときは、頭の中で想像をかき立て、内容を組み立てながら、ものごとを整理していく力が必要です。

この力は、相手の話を聴くときにも求められます。相手が何をいいたいかを理解するためには、相手がいいたいことを想像し、内容を組み立てて、ものごとを整理しながら聴いていく力が必要なのです。

相手の話のどこにキーポイント、キーゾーンがあるのかは、話す力があればわかります。したがって、話す力のある人は、すでに聴く力の基礎が備わっているといっていいでしょう。

たとえば、名人といわれる落語家の話を聞いていると、じつに上手に会場の雰囲気を読み取り(聴き取り)、話の中に取り入れていますよね。

いまは企業でも自分をアピールして、自分の意見をしっかり出していくことが求められている時代です。

書店には「話す力」や「伝える力」がテーマの本がたくさん並んでいますね。そういった本を読んだりして、「話す力」や「伝える力」を一生懸命、磨いている人は少なくないでしょう。

そうやって話す力を磨いていれば、ベクトルをちょっと変えるだけで聴く力に転化できます。

プレゼンでアピールしたり、相手から重要な情報を得るために質問したりするのは、自分のための話す力であり聞く力なのですが、傾聴で必要な「聴く力」は相手のためであるという点が、根本的に違います。

傾聴には「慈悲の心」が根本になければならないというのは、そういう意味です。そして、「慈悲の心」があれば、「テクニック」というのはほんの表面的なことにすぎないという意味でもあるのです。

そういう意識を持てば、ベクトルが変わります。

これまで自分のために身につけた「話す力」を、今度は相手のための「聴く力」として使ってみませんか?

●相手が冷静になるまで、とにかく聴く

以前、自殺したいという男性から電話がかかってきました。

奥さんに逃げられて、落胆しているようでした。よくよく聴いてみると、仕事を一生懸命やって家族を食わせてやってきたのに……という、「俺様人間」によくあるケースです。子どもたちも奥さんについていってしまい、一人になって混乱しているよ

うでした。会社に行っている間は気がまぎれてなんとかなるのだけど、土日になるとつらくてしょうがない、生きていたってしょうがない……と思いのたけを吐露するのです。

彼からは月に一度くらい電話がかかってきて、一時間ほど徹底的に話を聴くという関係を続けて半年たったころ、「そういえば和尚さんは、被災地の現場を歩かれたんですよね。被災地は大変だったんでしょう?」といってきたことがありました。

そこで「じゃあ私の経験したことをお話ししてもいいですか」といったら、お願いしますというので、伝えることにしました。

もちろん「被災地の方の悩みや苦しみと比べたら――」という言い方は絶対にしません。

でも、自分でわかるものなのですね。ひとしきり私が話すと、「被災地の方に比べれば、私の悩みなんか……」という言葉が、彼のほうから出てきたのです。

こうした話を通して、彼はようやく自分がなぜこんな事態になったのかを少しずつ冷静に考えるようになっていったようでした。

●相手にアドバイスしていいとき、まだダメなとき

ここまで来たら、もうこちらからアドバイスをしてもいい段階です。

「ずっとお話を聴かせていただいたのですが、ちょっと視点を変えて、家族から見た自分というものを考えてみましょうよ。こういうふうな事態になったのは、やっぱりどこか自分中心にものごとを進めていたことに原因があったかもしれないですからね。視点をちょっと変えてみれば、このような事態に至った経路がわかるかもしれませんね」

もう離婚してしまって、会えない状態だから、妻や子どもに直接謝るにも謝れません。なんでこういうふうなことになったのかという話し合いもできません。本当の原因はもう想像してみることしかできないのですが、角度を変えて考えることによって彼の人生は一歩前に進めるような気がします。

傾聴の場では、その時々の関係の進み具合によって、こちら側の経験したことを話してもいいタイミングがあるのです。

問題を抱えている人は、視野が狭くなっているので客観的に周りを見ることもできなくなっています。自分の状態を伝えるだけで精一杯なのです。

しかし、ある程度吐き出し切ったあとは、少し周りが見えてくるタイミングがあります。

すると「聴く耳」も持てます。そうなったらアドバイスをしてもいいのです。むしろ、アドバイスすべきときもあるのです。

●「私は十分話したんで、今度はあなたの話も聴かせて」

傾聴を続けていると、「私は十分話したんで、今度はあなたの話も聴かせて」というサインが相手から出てくることがあります。

そうなったら、こちら側の話をしてもいいときです。彼からのそのサインは、「和尚さんは、被災地の現場を歩かれたんですよね」という言葉でした。

「大変だったんでしょう?」というから、「そりゃあもう、大変でしたよ」と素直に応じました。

そして、私の話を聴いたあとで彼がいった、「被災地の方に比べれば、私の悩みなんか……」という言葉は、少し高いところから自分を見られるようになった証拠です。

私は彼にこういいました。

「近しい人を亡くした人は、その現実を忘れることはまず無理です。乗り越えることなんてできません。その現実を本当に毎日、血を吐くような苦しい思いをして受け止めて、背負って歩く。その背負い方を必死になって探しているんですよ」

結局、人間はさまざまなつらいこととか、悲しいこととか、どうにもならないこととか、たくさん背負いながら、なんとか自分の中で折り合いをつけながら生きていくものなんだということです。

彼も少し視野が広がったでしょう。彼も彼なりに「背負い方」を学んでいくしかありません。苦しみの中から、自分のたどった物語の中から、それを導き出すほんのちょっとの手助けをする——。私ができるのはそれくらいのことです。

ナチスの強制収容所での経験を書いた『夜と霧』の著者である、ヴィクトール・E・フランクルは「ロゴセラピー」という心理療法を提唱しました。

ロゴセラピーではそれぞれの人間の人生には独自の意味が存在していると考え、その人の持っている「レジリエンス」（自己再生能力）を徹底的に信じます。自分を再生させていく能力に対する絶対的な信頼――。

これはもう「信仰」といってもいいものです。

必ず人間は生老病死のその苦しみの中で生きるのだけれども、その苦しみを背負って歩いていける。そういう能力を持っている。そういうことです。

それぞれの能力の優劣はあるかもしれませんが、必ずあるということです。人間ってそういうものなんだ、という絶対的な確信を持って傾聴にあたることが必要だと私は考えています。

●いつも「聴く」ためのコンディションを万全にしておく

自分のコンディションをいつも万全にしておかないと、人の話を徹底的に聴くことはできません。たとえば、体にどこか痛いところがあるとき、お腹がすいているとき、眠いときはもちろん、配偶者や恋人とケンカしているとき、大事なデートの前もダメですね。

体はもちろん、心の状態や環境もふくめてコンディションをしっかり整えておくこと。それも「聴く力」を高めるのに必要なことです。

私は、特に「カフェ・デ・モンク」で傾聴活動をはじめてから自分の体と心のコンディションをどうやって整えていくかに神経を使っています。

というのも、相手との約束があるからです。いつどこに行きますと事前に周知していますので、自分のコンディションが悪くて行けないなんてことはあってはならないからです。ただでさえ傷ついている被災地の方々の心をさらに傷つけることになってしまいます。

●聴けないときは無理をしない

とはいうものの、はじめた当初はコンディションを整えることに苦心しました。多いときは週に二回、避難所や仮設住宅に赴きました。その間にお寺の仕事をして、家族との時間もつくっていました。

しかし、三年目を迎えようとしたころ、変調を来しました。具体的には、うつ症状が現れてきました。いままで興味があったものに対する関心がなくなり、未来に向かっての思考ができなくなり、体も重くなりました。疲れが蓄積していたのでしょう。また、妻との関係もギクシャクしてきました。そして当面の間、カフェを休むことにしました。

自分一人でできることには限界があると頭の中ではわかっていても、宗教者としての習い性のようなものがあり、やはり自分が頑張らねばという意識が強かったのだと思います。

周りの人には、自分一人で頑張りすぎてはいけないよ、といっておきながら自分が無理をしてしまう……。これではいけないと思い、しばらく休むことにしました。

カフェを休止している間は、とにかくボーッとしたり、映画を観たりして過ごしていました。

●「いまは難しいけれど、今度、必ず話を聴くからね」

それから癒しになったのは温泉でした。

東北にはたくさんの温泉がありますから、車でいろいろな温泉地に出かけました。温泉につかっていたあるとき、ふと「これも地震と同じく地球の活動の一つなのだな」と思ったものです。

温泉は、そうではないものもありますが、多くは火山活動によるものです。火山は大陸プレートの移動によってできたもの。地震も大陸プレートの移動によって起きます。

地震が起こり、津波がやってきた。人々は傷つけられ、傷ついた心と体を温泉で癒している。

どちらも元は大いなる地球活動によるものなんだ——。そう思えるようになると、なんだかふっと力が抜けてきたのです。

そのようにして過ごしていたら、だんだんとまたやる気が出てきました。東北の、寒さの厳しい冬を越え、春のお彼岸の中日が近づくにつれて、日がだんだん長くなっていき、暖かい光があふれてくるのにしたがって、また元気が出てきたのです。

そのとき、ああ、この活動は、自分の力だけで成り立っているのではないと感じました。何か大きな力に動かされているんだな、という感覚になったのです。その後は、前よりもっと自然体で傾聴活動ができるようになりました。傾聴活動において、自分が聴けるコンディションにないときには、無理をしないことです。

聴けないときには「いまはちょっと難しいから、また今度にしてくれるかな。必ず話を聴くからね」といえばいいのです。

それには、自分の体力や精神力の限界点を知り、自分がいまどういう状態かをよく把握しておくことが大切です。

もちろん、それでも聴かなければならないときもあるでしょう。職業的に、今日は話ができない、話を聴けないといえないケースもあると思います。しかし、そのときでも、自分のいまの状態をしっかり把握した上で聴くことを常に心がけることが大切です。

●私が日野原重明先生から教わったこと

「カフェ・デ・モンク」を三年続けて、ちょっと疲れてしまったとき、ある人の言葉が思い出されました。

　それは震災の年の一〇月からはじめた「ラジオ　カフェ・デ・モンク」に登場していただいた、医師で聖路加国際病院名誉院長の日野原重明先生のお言葉でした。

　いろいろとお話しして、番組が終盤に差しかかったとき、私はふとこんなことを尋ねてみました。

「それにしても、一〇〇歳を過ぎてもあちこち飛び回って、お疲れになりませんか？」

　すると、先生はおっしゃったのです。

「自分の仕事にしてしまったら、そりゃ疲れると思いますよ。でもこれはね、私が神様から与えられた使命ですから、疲れることなんかないんですよ。もういいよといわれたら、天に召されればいいんですから」

　先生はクリスチャンでしたから、自分の仕事を大きな使命ととらえていたのです。

　私が疲れてしまったのは、どこか自分の「仕事」にしてしまったところがあったからなのでしょう。いままで「自分がやらねば」と思ってやってきたから疲れてしまったけれど、温泉の恵みに癒され、春の光を全身に浴び、再び立ち上がれたこと――これはもう自分の力だけではないと思えたのです。

●企業の不祥事も「聴けないこと」が原因の一つ

それからは疲れるということがないし、もっと広くものごとが見えるようになり、精神的にもラクになりました。

会社でもそうでしょう。自分たちの会社が儲けなければということだけを考えていれば、疲れるのは当然です。

昨今、日本を代表する大企業から不祥事が噴出しています。不正を指摘する声が企業内の一部からは指摘されていたようですが、上の立場の人には届きませんでした。つまり、「傾聴」ができていなかったということです。使命ではなく、利益のほうが頭の中の多くを占めてしまっていたからでしょう。

使命を第一に据えて、そこからさまざまなものを考えていく――。

すると、小さな声なき声が聞こえてくる。そのときに聴く力がきっと生きてくるはずです。

●自分も「話を聴いてくれる人」を持とう

「傾聴力」を高めるために、心身のコンディションをいい状態に保つ。それには自分も感情を吐露できる人、話を聴いてくれる人を持っていたいものです。

さまざまな分野の友人を持つようにするといいでしょう。

私は、ちょっと深い話をする人、ボランティアの仲間、趣味の音楽仲間など、いろいろなジャンルの友人がいます。自分の興味の及ぶところの周囲の人と友好な関係をつくっておいて、その時々の状況や気分に合わせて選んで人に話を聴いてもらっています。

自分が元気なときにはできるだけ感性の違う人とも会って、刺激を受けることが必要ですが、元気が出ないときは感性の合う人と話をすることです。

ようするに自分の「居場所」をたくさんつくり、その時々で使い分けをするということです。

また、自分の居心地のいい空間は、自分を「聴ける人」にしてくれます。「カフエ・デ・モンク」では、私が大好きなジャズをかけています。自分が居心地のいい空間をつくると、自然に聴く態勢に入れるからです。すると、相手も心を開いてくれるようになります。

たぶんこれは、日本伝統の「茶の道」に通ずるのかもしれませんね。

●傾聴で手に入る思いがけない〝ご褒美〟

本書も終わりに近づいてきましたが、ここまで読んできて、「傾聴」とは聴く側にとってはなんとも骨の折れる、大変な作業だと感じられたかもしれません。

たしかにそういう面もありますが、結果的に自分が得るものもたくさんあります。それは神様仏様からの贈り物のようなものです。

たとえば、思い悩み、苦しむ人からの「珠玉の言葉」です。

私は、本書で紹介したような被災地の方々の言葉から、人生のなんたるか、生きる道のなんたるかを学ばせてもらいました。たゆまぬ「他者肯定」と「自己否定」を繰り返すことで、心の器を広げることができたとも思います。

自分のことをよく知っていないと傾聴はできないと述べました。傾聴の場では、話を聴いて相手のことを理解しようとしながら、同時に自分のことも理解しているという、よい循環ができていきます。

それが「傾聴者」として成長することにつながっていきます。それは人生においてもすばらしいご褒美になります。傾聴で得られるご褒美で、世の中がまた一段とすばらしいものに見えてくるでしょう。

とはいえ、傾聴は自分へのご褒美を目的にするものではありません。相手に対する慈悲の心が根底にあってこそ、思いがけないご褒美が転がり込んでくることもある。それくらいに考えておくことです。

●傾聴の極意

結局、「傾聴」の極意は「慈悲の心」です。

東日本大震災が起こったとき、私の中には、「なんとかしたい」という気持ちしかありませんでした。

この「なんとかしたい」気持ちこそが「慈悲の心」だと私は思います。そこには、自分と同じ「人間」を愛おしいと思う気持ちがあります。

もちろん、人間には限界があって、できないことも多いのです。結果が伴わないこともたくさんあります。だから「慈悲の心」はその場を逃げずに留まり続ける忍耐力も要求されます。

限界を知るとつらい気持ちになります。でも、それでもやはり「なんとかしたい」と思う。そういう悲しさもふくめて「人間を愛おしい」と思う――。

それを私たちの方言では「もぞこい」といいます。

「もぞこい」を標準語で表すと、一番近いのは「愛おしい」なのですが、それだとちょっと深みが足りないように思います。あえていえば、「せつないくらいに愛おしい」といった感じでしょうか。

ある二歳半の女の子が仮設住宅で亡くなりました。その仮設住宅では親しい人を亡くした人がたくさん住んでいたのですが、みんなその子の成長を見守ることで癒されていました。

「癒し」というよりも、たくさんの命が津波で奪われてしまった状況で、深く命の不思議さを感じていたのだと思います。そして、その子の天真爛漫さが、みんなの生きる希望だったのです。

その子がある日突然、旅立ってしまったのです。突然死です。被災地の医療状況も悪かったため、迅速に適切な処置ができなかったということもあったのでしょう。防げない死だったと思います。

●こうすれば、「すべて」の人間関係がよくなる

私はその仮設住宅を訪れて、みんなで土をこねて、その女の子のお地蔵さんをつくることにしました。そのときに「もぞっこさげねえ」「もぞっこさげねえ」とみんな口々にいいながら小さなお地蔵さんをつくったのでした。

「この子はね、昼はおしゃまに振る舞っていたんだけど、夜になると、おばあちゃん、おんぶ、っていって、私の背中からお月様やお星様を見るのが好きだったんですよ。この子には何か使命があったんでしょうね」と、その子のおばあちゃんは、お地蔵様を見ながら語ってくれました。

この女の子の二年半という命には、意味があったのだと思います。そしてそれは天寿だったのだろうと思います。九〇年生きるのも天寿、二年半でも天寿です。

宇宙の時間から見れば、九〇年も二年半も大差はありません。人間というのは、生命の長短ではないのですから。そしてそれぞれの命には何か必ず意味がある、そう思います。

なぜ人を「もぞっこさげねえ」と思えるのか。それは、人は誰もが、やがて務めを果たし、あちらの世界に旅立っていくからでしょう。

誰かと何か難しい話で揉めたときは、人間いつまでも生きられるわけではないとお互いに気づくことです。

そうであるなら、「そんなことはどうだっていい」と思えることもたくさんあるはずなのです。それよりもっと仲よくする方法を考えようと、周りの人と面と向かって話をすることです。

人に対する愛おしさをお互いが持てば、すべての人間関係はよくなるはずです。人を「もぞっこさげねえ」と思える人は、人の話を聴ける人に違いありません。

おわりに

私は、四十九日の鎮魂行脚のとき、地震と津波によって破壊された海岸に立ち、神仏の姿を見失いました。丸裸にされた私は、人々の苦悩という泥の中を、尺取り虫が這うように歩いていきました。

あれから七年半がたちました。その年月はたくさんのことを教えてくれました。そして、あらためて仏典を読み直すと、そこに深い深い智慧が織り込まれていることに気づきました。

古いお経の中に出てくる、物語を紹介します。

裕福な家の若い嫁　キサーゴータミーの子どもが幼くして死んだ
彼女は気が狂い　冷たい亡骸を抱いて
巷に出て　この子の病を治すものはいないか
狂ったように訪ね回った
人々はどうすることもできず　ただ哀れに見送るだけだった

見かねた町の人が　仏陀のもとにいくようにすすめた
彼女はさっそく　子どもを抱いて仏陀のもとへいった

仏陀は静かにその様子を見ていった
「女よ、この子の病を治すには芥子《ケシ》の実がいる。町へ出て五粒もらってくるがよい、ただしその芥子の実はまだ一度も死者の出ない家からもらわねばならない」

狂った女は町へ出て　芥子の実を求めた
芥子の実は得やすかったけれど　死人の出ない家はどこにもなく
ついに得ることができず　仏陀のもとにもどった

仏陀は静かに人の世のことわりを説いた
それは誰しもが避けることのできない　そして助けることのできない
生まれ　年老い　病にかかり　そして死ぬことのことわりを
人の世はかくの如くである

しかし、お互いがそういう身であるゆえ
お互いを慈しみ合い　支え合うことが
この世を共に生きる術であることを

やがて女は夢から覚めたように気がつき
わが子の冷たい亡骸を墓に埋葬した

仏陀は、最初からキサーゴータミーに答えを出しません。彼女の気持ちを汲み、巧みな方法（方便）を使います。そして彼女はいいつけどおり、死んだ子を抱きながら必死に町を歩きます。

「芥子の実は得やすかったけれど　死人の出ない家はどこにもなく　ついに得ることができず　仏陀のもとにもどった」

この一文に想像をふくらませると、おそらく、町中の人々が、亡骸を抱えて尋ね歩く母親の胸中に共感し、優しく接したのだと思います。なぜならば、その一人ひとりが死別の悲しみを経験していたからです。

やがてその心は、キサーゴータミーの心を少しずつ変化させ、仏陀の前に戻ってきたときには、明らかに以前とは違う女性になっていたに違いありません。

仏陀の「わかったか」の一言におそらく言葉なくうなずいたことでしょう。

私は、この物語の中に、「傾聴の極意」が込められていると思います。

ここでいう「町の人々」は、いまこの本を読んでいる一人ひとりの方です。人が苦しみから再び立ち上がるときには、小さくても大勢の力が必要です。

ぜひ、その一人にあなたもなってほしいと思います。身近な人々への傾聴を通して、お互いを慈しみ合い、支え合ってくださるよう願ってやみません。

本書は、本文庫のために書き下ろされたものです。

知的生きかた文庫

傾聴《けいちょう》のコツ

著　者　金田諦應（かねた・たいおう）
発行者　押鐘太陽
発行所　株式会社三笠書房
〒102-0072 東京都千代田区飯田橋3-3-1
https://www.mikasashobo.co.jp
印　刷　誠宏印刷
製　本　若林製本工場

ISBN978-4-8379-8570-9 C0130

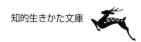

知的生きかた文庫

禅、シンプル生活のすすめ
枡野俊明

求めない、こだわらない、とらわれない——「世界が尊敬する日本人100人」に選出された著者が説く、ラク〜に生きる人生のコツ。開いたページに「答え」があります。

気にしない練習
名取芳彦

「気にしない人」になるには、ちょっとした練習が必要。仏教的な視点から、うつうつ、イライラ、クヨクヨを〝放念する〟心のトレーニング法を紹介します。

超訳 般若心経 〝すべて〟の悩みが小さく見えてくる
境野勝悟

般若心経には、〝あらゆる悩み〟を解消する知恵がつまっている。小さなことにとらわれず、毎日楽しく幸せに生きるためのヒントをわかりやすく〝超訳〟で解説。

超訳 孫子の兵法 「最後に勝つ人」の絶対ルール
田口佳史

ライバルとの競争、取引先との交渉、トラブルへの対処……孫子を知れば、「駆け引き」と「段取り」に圧倒的に強くなる！ ビジネスマン必読の書！

空海 「折れない心」をつくる言葉
池口恵観

空海の言葉に触れれば、生き方に「力強さ」が身につく！ 現代人の心に響く「知恵」が満載！ 「悩む前に、まずは行動してみる」ことの大切さを教えてくれる一冊。

C50327

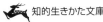